Bohner
Ott
Deusch

Mathematik für berufliche Gymnasien

Lineare Algebra

Mathematische Beschreibung von Prozessen durch Matrizen

Bohner
Ott
Deusch

Mathematik für berufliche Gymnasien

Lineare Algebra

Mathematische Beschreibung von Prozessen durch Matrizen

Merkur
Verlag Rinteln

Wirtschaftswissenschaftliche Bücherei für Schule und Praxis
Begründet von Handelsschul-Direktor Dipl.-Hdl. Friedrich Hutkap †

Die Verfasser:

Roland Ott
Studium der Mathematik an der Universität Tübingen

Kurt Bohner
Lehrauftrag Mathematik am BSW Wangen
Studium der Mathematik und Physik an der Universität Konstanz

Ronald Deusch
Lehrauftrag Mathematik am BSZ Bietigheim-Bissingen
Studium der Mathematik an der Universität Tübingen

* * * * * * * * * *

1. Auflage 2016

Gesamtherstellung:
MERKUR VERLAG RINTELN Hutkap GmbH & Co. KG, 31735 Rinteln
E-Mail: info@merkur-verlag.de
lehrer-service@merkur-verlag.de
Internet: www.merkur-verlag.de
ISBN 978-3-8120-**0639**-2

Vorwort

Vorbemerkungen

Der vorliegende Band ist ein Arbeitsbuch für das Wahlgebiet „Mathematische Beschreibung von Prozessen durch Matrizen" in allen beruflichen Gymnasien nichttechnischer Richtung. Es erfüllt den neuen Bildungsplan von 2014 für das berufliche Gymnasien in Baden-Württemberg vollständig.

Dabei berücksichtigt das Autorenteam sowohl die im Lehrplan geforderten inhalts- als auch die prozessbezogenen Kompetenzen (modellieren, Werkzeuge und mathematische Darstellungen nutzen, kommunizieren, innermathematische Probleme lösen, Umgang mit formalen und symbolischen Elementen, argumentieren).

Von den Autoren wurde bewusst darauf geachtet, dass die im Bildungsplan aufgeführten Kompetenzen und Zielformulierungen inhaltlich vollständig und umfassend thematisiert werden. Dabei bleibt den Lehrkräften genügend didaktischer Freiraum, eigene Schwerpunkte zu setzen.

Hinweise und Anregungen, die zur Verbesserung beitragen, werden dankbar aufgegriffen.

Eine sinnvolle Ergänzung ist das Buch „Mathematik für berufliche Gymnasien – Abitur" (ISBN 978-3-810-450-3) mit Aufgaben für das Abitur in neuer Form. Das Buch wird jährlich aktualisiert.

Begleitend wird ein Arbeitsheft (ISBN 978-3-810-1639-1) angeboten. Es soll Schüler und Lehrer durch Aufgaben zur Wiederholung und Vertiefung unterstützen.

Die Verfasser

Der Aufbau dieses Buches

Der Stoff in den einzelnen Kapiteln wird schrittweise anhand von **Musterbeispielen mit ausführlichen Lösungen** erarbeitet. Dabei legen die Autoren großen Wert auf die Verknüpfung von Anschaulichkeit und sachgerechter mathematischer Darstellung. Die übersichtliche Präsentation und die methodische Aufarbeitung beeinflusst den Lernerfolg positiv und bietet dem Schüler die Möglichkeit, Unterrichtsinhalte selbstständig zu erschließen bzw. sich anzueignen.

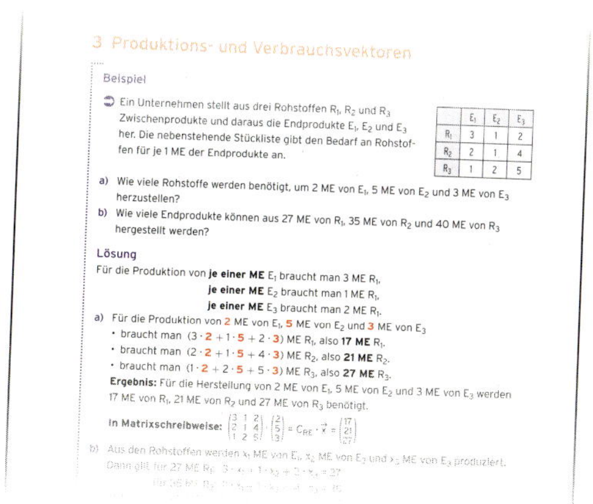

3 Produktions- und Verbrauchsvektoren

Beispiel

Ein Unternehmen stellt aus drei Rohstoffen R_1, R_2 und R_3 Zwischenprodukte und daraus die Endprodukte E_1, E_2 und E_3 her. Die nebenstehende Stückliste gibt den Bedarf an Rohstoffen für je 1 ME der Endprodukte an.

	E_1	E_2	E_3
R_1	3	1	2
R_2	2	1	4
R_3	1	2	5

a) Wie viele Rohstoffe werden benötigt, um 2 ME von E_1, 5 ME von E_2 und 3 ME von E_3 herzustellen?

b) Wie viele Endprodukte können aus 27 ME von R_1, 35 ME von R_2 und 40 ME von R_3 hergestellt werden?

Lösung

Für die Produktion von **je einer ME** E_1 braucht man 3 ME R_1,
je einer ME E_2 braucht man 1 ME R_1,
je einer ME E_3 braucht man 2 ME R_1.

a) Für die Produktion von 2 ME von E_1, 5 ME von E_2 und 3 ME von E_3
- braucht man $(3 \cdot 2 + 1 \cdot 5 + 2 \cdot 3)$ ME R_1, also **17 ME** R_1.
- braucht man $(2 \cdot 2 + 1 \cdot 5 + 4 \cdot 3)$ ME R_2, also **21 ME** R_2.
- braucht man $(1 \cdot 2 + 2 \cdot 5 + 5 \cdot 3)$ ME R_3, also **27 ME** R_3.

Ergebnis: Für die Herstellung von 2 ME von E_1, 5 ME von E_2 und 3 ME von E_3 werden 17 ME von R_1, 21 ME von R_2 und 27 ME von R_3 benötigt.

In Matrixschreibweise: $\begin{pmatrix} 3 & 1 & 2 \\ 2 & 1 & 4 \\ 1 & 2 & 5 \end{pmatrix} \cdot \begin{pmatrix} 2 \\ 5 \\ 3 \end{pmatrix} = C_{RE} \cdot \vec{x} = \begin{pmatrix} 17 \\ 21 \\ 27 \end{pmatrix}$

b) Aus den Rohstoffen werden x_1 ME von E_1, x_2 ME von E_2 und x_3 ME von E_3 produziert.

Jede Lerneinheit schließt mit einer ausreichenden Anzahl von **Aufgaben** ab. Diese sind zur Ergebnissicherung und Übung gedacht, aber auch als Hausaufgaben geeignet. Kompetenzorientierte Aufgaben mit unterschiedlichem Schwierigkeitsgrad ermöglichen es dem Schüler, den Stoff zu festigen und zu vertiefen. Beispiele und Aufgaben aus dem Alltag und aus der Wirtschaft stellen einen praktischen Bezug her.

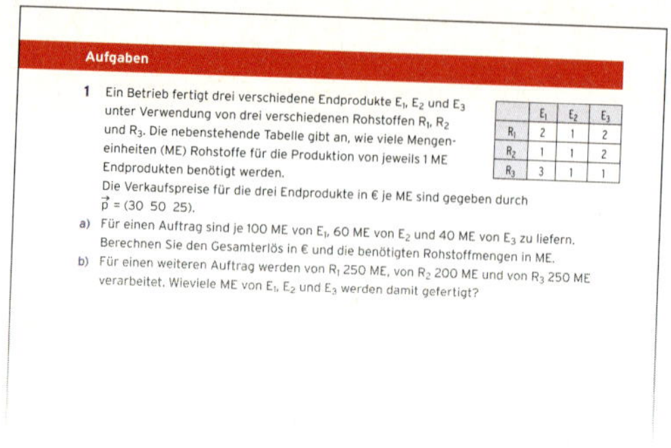

Aufgaben

1 Ein Betrieb fertigt drei verschiedene Endprodukte E_1, E_2 und E_3 unter Verwendung von drei verschiedenen Rohstoffen R_1, R_2 und R_3. Die nebenstehende Tabelle gibt an, wie viele Mengeneinheiten (ME) Rohstoffe für die Produktion von jeweils 1 ME Endprodukten benötigt werden.

	E_1	E_2	E_3
R_1	2	1	2
R_2	1	1	2
R_3	3	1	1

Die Verkaufspreise für die drei Endprodukte in € je ME sind gegeben durch $\vec{p} = (30\ \ 50\ \ 25)$.

a) Für einen Auftrag sind je 100 ME von E_1, 60 ME von E_2 und 40 ME von E_3 zu liefern. Berechnen Sie den Gesamterlös in € und die benötigten Rohstoffmengen in ME.

b) Für einen weiteren Auftrag werden von R_1 250 ME, von R_2 200 ME und von R_3 250 ME verarbeitet. Wieviele ME von E_1, E_2 und E_3 werden damit gefertigt?

Die Aufgaben **„Modellierung einer Situation"** und **„Test zur Überprüfung Ihrer Grundkenntnisse"** werden im Anhang ausführlich gelöst.

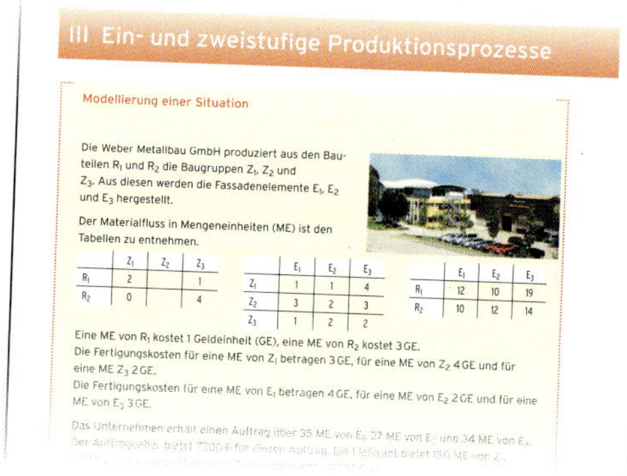

III Ein- und zweistufige Produktionsprozesse

Modellierung einer Situation

Die Weber Metallbau GmbH produziert aus den Bauteilen R_1 und R_2 die Baugruppen Z_1, Z_2 und Z_3. Aus diesen werden die Fassadenelemente E_1, E_2 und E_3 hergestellt.

Der Materialfluss in Mengeneinheiten (ME) ist den Tabellen zu entnehmen.

	Z_1	Z_2	Z_3
R_1	2		1
R_2	0		4

	E_1	E_2	E_3
Z_1	1	1	4
Z_2	3	2	3
Z_3	1	2	2

	E_1	E_2	E_3
R_1	12	10	19
R_2	10	12	14

Eine ME von R_1 kostet 1 Geldeinheit (GE), eine ME von R_2 kostet 3 GE.
Die Fertigungskosten für eine ME von Z_1 betragen 3 GE, für eine ME von Z_2 4 GE und für eine ME Z_3 2 GE.
Die Fertigungskosten für eine ME von E_1 betragen 4 GE, für eine ME von E_2 2 GE und für eine ME von E_3 3 GE.

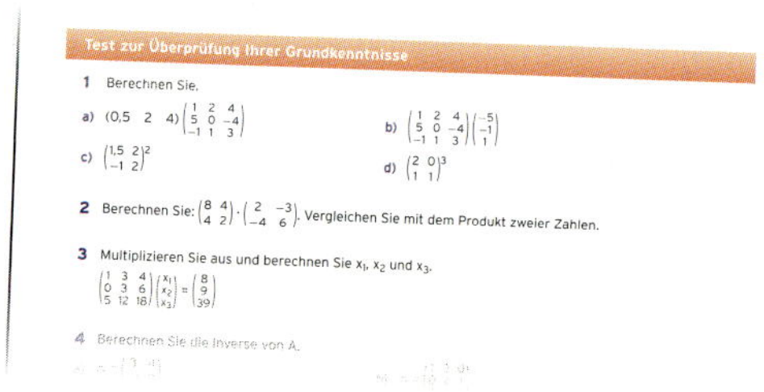

Test zur Überprüfung Ihrer Grundkenntnisse

1 Berechnen Sie.

a) $(0{,}5\ \ 2\ \ 4)\begin{pmatrix}1 & 2 & 4\\ 5 & 0 & -4\\ -1 & 1 & 3\end{pmatrix}$ b) $\begin{pmatrix}1 & 2 & 4\\ 5 & 0 & -4\\ -1 & 1 & 3\end{pmatrix}\begin{pmatrix}-5\\ -1\\ 1\end{pmatrix}$

c) $\begin{pmatrix}1{,}5 & 2\\ -1 & 2\end{pmatrix}^2$ d) $\begin{pmatrix}2 & 0\\ 1 & 1\end{pmatrix}^3$

2 Berechnen Sie: $\begin{pmatrix}8 & 4\\ 4 & 2\end{pmatrix}\cdot\begin{pmatrix}2 & -3\\ -4 & 6\end{pmatrix}$. Vergleichen Sie mit dem Produkt zweier Zahlen.

3 Multiplizieren Sie aus und berechnen Sie x_1, x_2 und x_3.
$\begin{pmatrix}1 & 3 & 4\\ 0 & 3 & 6\\ 5 & 12 & 18\end{pmatrix}\begin{pmatrix}x_1\\ x_2\\ x_3\end{pmatrix} = \begin{pmatrix}8\\ 9\\ 39\end{pmatrix}$

4 Berechnen Sie die Inverse von A.

Für **Aufgaben mit dem Download-Logo** stehen **ausführliche Lösungen zum Download** bereit. Sie finden diese in der Mediathek zum Buch auf unserer Website http://www.merkur-verlag.de.

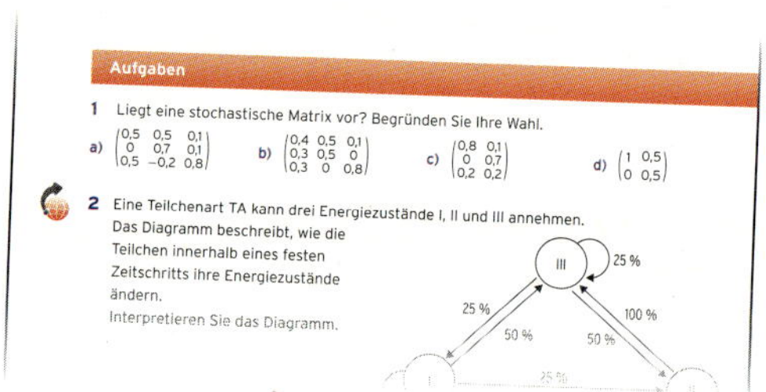

Aufgaben

1 Liegt eine stochastische Matrix vor? Begründen Sie Ihre Wahl.

a) $\begin{pmatrix}0{,}5 & 0{,}5 & 0{,}1\\ 0 & 0{,}7 & 0{,}1\\ 0{,}5 & -0{,}2 & 0{,}8\end{pmatrix}$ b) $\begin{pmatrix}0{,}4 & 0{,}5 & 0{,}1\\ 0{,}3 & 0{,}5 & 0\\ 0{,}3 & 0 & 0{,}8\end{pmatrix}$ c) $\begin{pmatrix}0{,}8 & 0{,}1\\ 0 & 0{,}7\\ 0{,}2 & 0{,}2\end{pmatrix}$ d) $\begin{pmatrix}1 & 0{,}5\\ 0 & 0{,}5\end{pmatrix}$

2 Eine Teilchenart TA kann drei Energiezustände I, II und III annehmen. Das Diagramm beschreibt, wie die Teilchen innerhalb eines festen Zeitschritts ihre Energiezustände ändern. Interpretieren Sie das Diagramm.

Definitionen, Festlegungen, Merksätze und mathematisch wichtige **Grundlagen** sind in Rot gekennzeichnet.

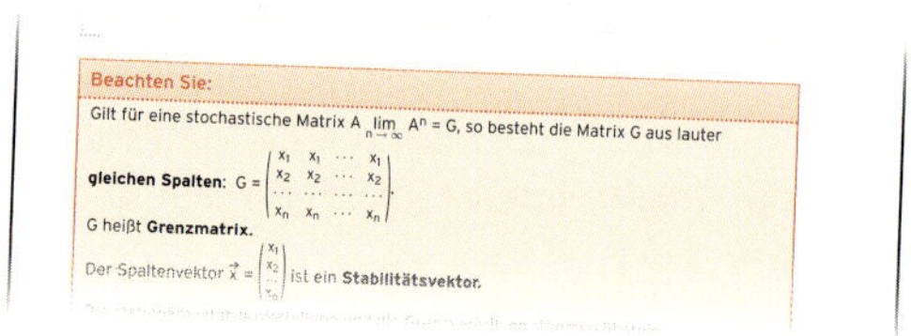

Beachten Sie:

Gilt für eine stochastische Matrix A $\lim_{n\to\infty} A^n = G$, so besteht die Matrix G aus lauter **gleichen Spalten:** $G = \begin{pmatrix}x_1 & x_1 & \cdots & x_1\\ x_2 & x_2 & \cdots & x_2\\ \cdots & \cdots & \cdots & \cdots\\ x_n & x_n & \cdots & x_n\end{pmatrix}$.

G heißt **Grenzmatrix.**

Der Spaltenvektor $\vec{x} = \begin{pmatrix}x_1\\ x_2\\ \cdots\\ x_n\end{pmatrix}$ ist ein **Stabilitätsvektor.**

Inhaltsverzeichnis

ANHANG

I Lineare Gleichungssysteme

Modellierung einer Situation

Der Bootsverleiher Jakob bietet Boote verschiedenen Typs zum Ausleihen an.
Die entsprechenden Preise sind in der nachfolgenden Tabelle aufgelistet.

Bootstyp	Preis je Stunde
Motorboot	40 €
Elektroboot	30 €
Tretboot	15 €

An einem schönen Sommertag sind alle 37 Boote gleichzeitig ausgeliehen.
Die Einnahmen nach einer Stunde betragen 945 €.
Der Bootsverleiher hat 6 Tretboote mehr als Elektroboote.
Wie viele Motor-, Elektro- und Tretboote besitzt der Bootsverleiher jeweils?

In der letzten Stunde vor Ausleihschluss sind nur noch 20 Boote auf dem See.
Die Einnahmen belaufen sich in dieser Abendstunde auf 470 €.
Wie viele Motorboote können in diesem Fall auf dem See sein?
Begründen Sie, warum es mehrere Möglichkeiten gibt.

Bearbeiten Sie diese Situation, nachdem Sie die rechts aufgeführten **Qualifikationen und Kompetenzen** erworben haben.

Qualifikationen & Kompetenzen

- Ein lineares Gleichungssystem (LGS) umformen und lösen
- Ein LGS auf Lösbarkeit untersuchen
- Matrizenschreibweise nutzen
- Modellieren von realen Situationen

1 Einführung

Lineare Gleichungssysteme haben eine zentrale Bedeutung in verschiedenen Bereichen der Mathematik. Nicht nur zur Bestimmung einer Parabelgleichung stellen wir ein lineares Gleichungssystem auf. Mit einem linearen Gleichungssystem lassen sich auch zahlreiche Probleme aus Technik und Wirtschaft modellieren und damit lösen. Aus dem Wissen über die unbekannten Größen, die bei diesen Problemen auftauchen, leiten wir Gleichungen her. Eine zentrale Aufgabe der linearen Algebra ist die **Lösung linearer Gleichungssysteme**.

Beispiel

➲ Obstbäuerin Huber liefert Äpfel der Sorten Boskop (B), Jonathan (J) und Elstar (E) an den Großmarkt. Die Lieferungen der letzten 3 Tage (in kg) lassen sich aus der Tabelle ablesen.

	B	J	E
T_1	40	40	100
T_2	80	40	20
T_3	40	80	40

Der Großhändler überweist für die Lieferung am 1. Tag (T_1) 320 €, für die Lieferung am 2. Tag (T_2) 240 € und für die Lieferung am 3. Tag (T_3) 240 €. Wie hoch ist jeweils der Preis pro kg für die einzelnen Apfelsorten?

Lösung

Frau Huber erhält
für 1 kg B x_1 €,
für 1 kg J x_2 € und
für 1 kg E x_3 €.

Sie erhält
für 40 kg B $40x_1$ €,
für 40 kg J $40x_2$ € und
für 100 kg E $100x_3$ €,

insgesamt 320 €.

Zugehörige Gleichung: $40\,x_1 + 40x_2 + 100x_3 = 320$

Für die Lieferung aller 3 Tage ergibt sich ein **lineares Gleichungssystem (LGS)**:

$$\begin{aligned} 40x_1 + 40x_2 + 100x_3 &= 320 \\ 80x_1 + 40x_2 + 20x_3 &= 240 \\ 40x_1 + 80x_2 + 40x_3 &= 240 \end{aligned}$$

Umformung des LGS mit dem **Gauß'schen Eliminationsverfahren (Gauß-Algorithmus)**

Gleichungen

$$\begin{aligned} 40x_1 + 40x_2 + 100x_3 &= 320 \quad \cdot(-2),\ \cdot(-1) \\ 80x_1 + 40x_2 + 20x_3 &= 240 \quad + \\ 40x_1 + 80x_2 + 40x_3 &= 240 \quad + \end{aligned}$$

$$\begin{aligned} 40x_1 + 40x_2 + 100x_3 &= 320 \\ -40x_2 - 180x_3 &= -400 \\ 40x_2 - 60x_3 &= -80 \quad + \end{aligned}$$

$$\begin{aligned} 40x_1 + 40x_2 + 100x_3 &= 320 \\ -40x_2 - 180x_3 &= -400 \\ -240x_3 &= -480 \end{aligned}$$

Stufenform

Matrixschreibweise

$$\begin{array}{ccc} x_1 & x_2 & x_3 \end{array}$$

$$\left(\begin{array}{ccc|c} 40 & 40 & 100 & 320 \\ 80 & 40 & 20 & 240 \\ 40 & 80 & 40 & 240 \end{array}\right) \begin{array}{l} \cdot(-2),\ \cdot(-1) \\ + \\ + \end{array}$$

$$\left(\begin{array}{ccc|c} 40 & 40 & 100 & 320 \\ 0 & -40 & -180 & -400 \\ 0 & 40 & -60 & -80 \end{array}\right) \begin{array}{l} \\ \\ + \end{array}$$

$$\left(\begin{array}{ccc|c} 40 & 40 & 100 & 320 \\ 0 & -40 & -180 & -400 \\ 0 & 0 & -240 & -480 \end{array}\right)$$

Dreiecksform

Die letzte Zeile der Matrix entspricht der Gleichung:

$-240x_3 = -480$

$x_3 = 2$

Die zweite Zeile entspricht der Gleichung: $-40x_2 - 180x_3 = -400$

Einsetzen von $x_3 = 2$ ergibt: $-40x_2 - 180 \cdot 2 = -400$

$x_2 = 1$

Die erste Zeile entspricht der Gleichung: $40x_1 + 40x_2 + 100x_3 = 320$

Einsetzen von $x_2 = 1$ und $x_3 = 2$ ergibt: $40x_1 + 40 \cdot 1 + 100 \cdot 2 = 320$

$x_1 = 2$

Lösung: $x_1 = 2;\ x_2 = 1;\ x_3 = 2$

Schreibweise: **Lösungsvektor** $\vec{x} = \begin{pmatrix} x_1 \\ x_2 \\ x_3 \end{pmatrix} = \begin{pmatrix} 2 \\ 1 \\ 2 \end{pmatrix}$

Frau Huber erhält für 1 kg Boskop 2 €, für 1 kg Jonathan 1 € und für 1 kg Elstar 2 €.

Beachten Sie:

Lineares Gleichungssystem mit m Gleichungen, n Unbekannten $x_1, x_2, x_3, \ldots, x_n$ und den Koeffizienten a_{ij}:

$$\begin{array}{ccccccccc} a_{11}x_1 & + & a_{12}x_2 & + & a_{13}x_3 & + \ldots + & a_{1n}x_n & = & b_1 \\ a_{21}x_1 & + & a_{22}x_2 & + & a_{23}x_3 & + \ldots + & a_{2n}x_n & = & b_2 \\ \vdots & & \vdots & & \vdots & & \vdots & & \\ a_{m1}x_1 & + & a_{m2}x_2 & + & a_{m3}x_3 & + \ldots + & a_{mn}x_n & = & b_m \end{array}$$

Eine **Lösung** eines linearen Gleichungssystems mit n Unbekannten besteht aus n Zahlen, die allen Gleichungen genügen. Sind $b_1, b_2, \ldots b_m$ alle null, so heißt das LGS **homogen**, ansonsten **inhomogen**.

Beispiel für ein LGS

$$\begin{aligned} 40x_1 + 40x_2 + 100x_3 &= 320 \\ 80x_1 + 40x_2 + 20x_3 &= 240 \\ 40x_1 + 80x_2 + 40x_3 &= 240 \end{aligned}$$

LGS in Matrixschreibweise

$$\left(\begin{array}{ccc|c} 40 & 40 & 100 & 320 \\ 80 & 40 & 20 & 240 \\ 40 & 80 & 40 & 240 \end{array}\right)$$

2 Umformung und Lösung eines linearen Gleichungssystems

2.1 Das LGS ist eindeutig lösbar

Beispiel

➲ Lösen Sie das lineare Gleichungssystem:

$$\begin{aligned} -x_1 - x_2 - 2x_3 &= -3 \\ -12x_1 - 7x_2 - 18x_3 &= -2 \\ 5x_1 + x_2 + 6x_3 &= -9 \end{aligned}$$

Lösung

Gleichungen

$$\begin{aligned} -x_1 - x_2 - 2x_3 &= -3 \quad \cdot(-12)\,;\ \cdot 5 \\ -12x_1 - 7x_2 - 18x_3 &= -2 \quad + \\ 5x_1 + x_2 + 6x_3 &= -9 \quad + \end{aligned}$$

$$\begin{aligned} -x_1 - x_2 - 2x_3 &= -3 \\ 5x_2 + 6x_3 &= 34 \quad \cdot 4 \\ -4x_2 - 4x_3 &= -24 \quad \cdot 5 \ + \end{aligned}$$

$$\begin{aligned} -x_1 - x_2 - 2x_3 &= -3 \\ 5x_2 + 6x_3 &= 34 \\ 4x_3 &= 16 \end{aligned}$$

Stufenform

Matrixschreibweise

$$\begin{array}{ccc} x_1 & x_2 & x_3 \end{array}$$

$$\left(\begin{array}{ccc|c} -1 & -1 & -2 & -3 \\ -12 & -7 & -18 & -2 \\ 5 & 1 & 6 & -9 \end{array}\right) \quad \text{Zeile 1}\cdot(-12) + \text{Zeile 2};\ \text{Zeile 1}\cdot(-1) + \text{Zeile 3}$$

$$\left(\begin{array}{ccc|c} -1 & -1 & -2 & -3 \\ 0 & 5 & 6 & 34 \\ 0 & -4 & -4 & -24 \end{array}\right) \quad \text{Zeile 2}\cdot 4 + \text{Zeile 3}\cdot 5$$

$$\left(\begin{array}{ccc|c} -1 & -1 & -2 & -3 \\ 0 & 5 & 6 & 34 \\ 0 & 0 & 4 & 16 \end{array}\right)$$

Dreiecksform

Letzte Gleichung: $4x_3 = 16$ — $x_3 = 4$

Einsetzen von $x_3 = 4$ in $5x_2 + 6x_3 = 34$: — $5x_2 + 6 \cdot 4 = 34$; $x_2 = 2$

Einsetzen von $x_3 = 4$ und $x_2 = 2$ in $-x_1 - x_2 - 2x_3 = -3$: — $-x_1 - 2 - 2 \cdot 4 = -3$; $x_1 = -7$

Das LGS hat die Lösung: $x_1 = -7;\ x_2 = 2;\ x_3 = 4$

Lösungsvektor: $\vec{x} = \begin{pmatrix} -7 \\ 2 \\ 2 \end{pmatrix}$

Das LGS hat **genau eine Lösung**, es ist **eindeutig lösbar**.

Hinweis: Die Matrix $\begin{pmatrix} -1 & -1 & -2 \\ -12 & -7 & -18 \\ 5 & 1 & 6 \end{pmatrix}$ heißt **Koeffizientenmatrix**.

Die Matrix $\left(\begin{array}{ccc|c} -1 & -1 & -2 & -3 \\ -12 & -7 & -18 & -2 \\ 5 & 1 & 6 & -9 \end{array}\right)$ heißt **erweiterte Koeffizientenmatrix**.

Beispiel

➲ Gegeben ist das LGS:

$$\begin{aligned} x_1 - \phantom{2x_2 +{}} x_3 &= 1 \\ x_1 + 2x_2 \phantom{{}+ x_3} &= 3 \\ -4x_1 + 2x_2 + x_3 &= -10 \end{aligned}$$

Berechnen Sie die Lösung.

Lösung

LGS in Matrixschreibweise

$$\begin{array}{ccc} x_1 & x_2 & x_3 \end{array}$$
$$\left(\begin{array}{ccc|c} 1 & 0 & -1 & 1 \\ 1 & 2 & 0 & 3 \\ -4 & 2 & 1 & -10 \end{array}\right) \quad \begin{array}{l} \cdot(-1) \text{ zu Zeile 2 addieren} \\ \cdot 4 \text{ zu Zeile 3 addieren} \end{array}$$

Umformung mit dem Gaußverfahren

$$\left(\begin{array}{ccc|c} 1 & 0 & -1 & 1 \\ 0 & 2 & 1 & 2 \\ 0 & 2 & -3 & -6 \end{array}\right) \quad \begin{array}{l} \cdot(-1) \text{ zu Zeile 3 addieren} \end{array}$$

Dreiecksform der Koeffizientenmatrix

$$\left(\begin{array}{ccc|c} 1 & 0 & -1 & 1 \\ 0 & 2 & 1 & 2 \\ 0 & 0 & -4 & -8 \end{array}\right)$$

Letzte Gleichung: $-4x_3 = -8$ für $x_3 = 2$

Einsetzen von $x_3 = 2$
in die zweite Gleichung $2x_2 + x_3 = 2$: $2x_2 + 1 \cdot 2 = 2$ für $x_2 = 0$

Einsetzen von $x_3 = 2$ und $x_2 = 0$
in die erste Gleichung $x_1 - x_3 = 1$: $x_1 - 2 = 1$ für $x_1 = 3$

Lösungsvektor: $\vec{x} = \begin{pmatrix} 3 \\ 0 \\ 2 \end{pmatrix}$

Beachten Sie:

Die zulässigen Elementarumformungen im **Gauß-Verfahren,**
um die Dreiecksform der Koeffizientenmatrix zu erreichen, sind
die **Multiplikation einer Gleichung mit einer Zahl** ungleich null und
die **Addition von Gleichungen.**

Beispiel

➲ Gegeben ist das LGS:

$$\begin{aligned} 2x_1 + x_2 - x_3 &= -3 \\ x_1 - x_2 - 3x_3 &= -7 \\ 3x_1 + \phantom{x_2 - {}} x_3 &= 10 \end{aligned}$$

Zeigen Sie: Der Vektor $\vec{x} = \begin{pmatrix} 2 \\ -3 \\ 4 \end{pmatrix}$ ist ein Lösungsvektor.

Lösung

$x_1 = 2;\ x_2 = -3$ und $x_3 = 4$:

$2 \cdot 2 - 3 - 4 = -3$	$-3 = -3$	wahr
$2 + 3 - 3 \cdot 4 = -7$	$-7 = -7$	wahr
$3 \cdot 2 + 4 = 10$	$10 = 10$	wahr

Das Einsetzen ergibt drei wahre Aussagen. $\vec{x}$ ist ein Lösungsvektor.

Beispiel

➲ Lösen Sie das LGS:

$$\begin{aligned} 3x_1 + 2x_2 &= 4 \\ 4x_1 + x_2 &= 7 \\ 2x_1 + 3x_2 &= 1 \end{aligned}$$

Lösung

Hinweis: Das LGS besteht aus drei Gleichungen mit zwei Unbekannten.
Es ist **überbestimmt**.

Matrixschreibweise:

$$\left(\begin{array}{cc|c} 3 & 2 & 4 \\ 4 & 1 & 7 \\ 2 & 3 & 1 \end{array}\right) \quad \begin{array}{l} \cdot(-4) \text{ zur 2. Zeile } + \cdot 3 \\ \cdot(-2) \text{ zur 3. Zeile } + \cdot 3 \end{array}$$

Gauß-Verfahren:

$$\left(\begin{array}{cc|c} 3 & 2 & 4 \\ 0 & -5 & 5 \\ 0 & 5 & -5 \end{array}\right) \quad \text{2. Zeile zur 3. Zeile } +$$

$$\left(\begin{array}{cc|c} 3 & 2 & 4 \\ 0 & -5 & 5 \\ 0 & 0 & 0 \end{array}\right)$$

Letzte Gleichung: $0 \cdot x_1 + 0 \cdot x_2 = 0$

Das Einsetzen beliebiger reeller Zahlen für x_1, x_2 führt zu einer wahren Aussage.

Zweite Gleichung: $-5x_2 = 5$

$x_2 = -1$

Einsetzen von $x_2 = -1$ in die erste Gleichung $3x_1 + 2x_2 = 4$: $3x_1 + 2 \cdot (-1) = 4$

$x_1 = 2$

Lösung: $x_1 = 2$; $x_2 = -1$

Hinweis: Das Gleichungssystem ist eindeutig lösbar.

Aufgaben

a) b)

1 Lösen Sie mit dem Gaußverfahren.

a)
$$\begin{aligned} 2x_1 + x_2 - x_3 &= -3 \\ x_1 - x_2 - 3x_3 &= -7 \\ 3x_1 + x_2 + x_3 &= 7 \end{aligned}$$

b)
$$\begin{aligned} x_1 + x_2 + 2x_3 &= 5 \\ 3x_1 - x_2 - 2x_3 &= -1 \\ -2x_1 + 2x_2 + 2x_3 &= 1 \end{aligned}$$

c)
$$\begin{aligned} 3x_1 + 3x_2 - 3x_3 &= 9 \\ x_2 - 3x_3 &= -12 \\ 6x_1 + x_2 - x_3 &= 18 \end{aligned}$$

d)
$$\begin{aligned} x_2 - x_3 &= 0 \\ 2x_1 + 3x_2 + x_3 &= 6 \\ x_2 + x_3 &= 3 \end{aligned}$$

e)
$$\begin{aligned} x + 2y + 2z &= 5 \\ 2x + y + z &= 4 \\ 2x + 4y + 3z &= 9 \end{aligned}$$

f)
$$\begin{aligned} x + y + z &= 3 \\ 3x + 4y + 3z &= 9 \\ 2x + 2y + 3z &= 5 \end{aligned}$$

2 Bestimmen Sie den Lösungsvektor mithilfe des Gauß'schen Eliminationsverfahrens.

a) $$\begin{aligned} 5x_1 + x_2 &= 1 \\ 2x_1 + 2x_2 &= -0{,}4 \end{aligned}$$

b) $$\begin{aligned} 3x + y &= -2x + 4 \\ -x + 5y &= 4y - 2 \end{aligned}$$

c) $$\begin{aligned} 4(x + 5) &= 3(y + 5) \\ 3x - 3 &= 2y - 2 \end{aligned}$$

d) $$\begin{aligned} x_1 + x_2 - x_3 &= 0 \\ -x_1 - 2x_2 - 4x_3 &= -3 \\ -x_1 + 3x_2 + x_3 &= -8 \end{aligned}$$

e) $$\begin{aligned} 5x_1 + 5x_3 &= 10 \\ -x_2 - x_3 &= -4 \\ 2x_1 + 2x_2 &= 10 \end{aligned}$$

f) $$\begin{aligned} x_1 + 2x_2 + 6x_3 &= 17 \\ -5x_1 + x_2 - x_3 &= 4 \\ 3x_2 - x_3 &= 2 \end{aligned}$$

3 Bestimmen Sie den Lösungsvektor.

a) $\left(\begin{array}{ccc|c} 0 & -2 & 1 & -2 \\ 2 & 1 & 2 & 0 \\ 0 & 0 & 4 & 0 \end{array}\right)$

b) $\left(\begin{array}{ccc|c} 1 & -2 & 1 & -2 \\ 0 & 1 & 2 & 2 \\ 0 & 0 & 4 & 22 \end{array}\right)$

c) $\left(\begin{array}{ccc|c} 0 & -2 & 1 & -2 \\ 0 & 0 & 2 & 9 \\ 1 & 0 & 4 & -1 \end{array}\right)$

d) $\left(\begin{array}{cc|c} 2 & -4 & 10 \\ 0 & 3 & 12 \\ 0 & 0 & 0 \end{array}\right)$

e) $\left(\begin{array}{cc|c} 3 & 1 & 0 \\ 1 & -1 & 4 \\ 2 & -1 & 5 \end{array}\right)$

f) $\left(\begin{array}{cc|c} 1 & -2 & -5 \\ 2 & 1 & 10 \\ -4 & 3 & 0 \end{array}\right)$

4 Stellen Sie ein LGS aus zwei Gleichungen mit 2 Unbekannten auf, das nur die Lösung (4; 2) hat.

5 Eine Parabel verläuft durch die Punkte A(1 | 3), B(–1 | –3) und C(2 | 12).
Stellen Sie das zugehörige LGS auf und lösen Sie es.
Geben Sie die Parabelgleichung an.

6 Ein Händler verkauft 2 Milchkühe und 5 Kälber. Er kauft 13 Schafe ein und es bleiben ihm 1000 € übrig. Verkauft er 3 Milchkühe und 3 Schafe, so kann er genau 9 Kälber kaufen. Verkauft er 6 Kälber und 8 Schafe, so fehlen ihm 600 €, um 5 Milchkühe zu kaufen. Was kosten die einzelnen Tiere?
Stellen Sie ein lineares Gleichungssystem auf und lösen Sie es.

7 Ein Winzer stellt aus verschiedenen Traubensorten T_1, T_2 und T_3 verschiedene Weine W_1, W_2 und W_3 her. Die Tabelle gibt den Materialfluss in ME an.
Um z. B. 1 ME von dem Wein W_1 herzustellen, benötigt er 3 ME von der Traube T_1 und 1 ME von der Traube T_3. Der Winzer hat noch 448 ME von T_1, 442 ME von T_2 und 330 ME von T_3. Wie viele ME an Weinen können hergestellt werden, wenn die Trauben vollständig aufgebraucht werden?

	W_1	W_2	W_3
T_1	3	1	2
T_2	0	4	1
T_3	1	0	3

2.2 Das LGS ist unlösbar

Beispiel

➲ Gegeben ist das LGS:

$$\begin{aligned} -2x_1 + x_2 &= 3 \\ 12x_1 - 6x_2 &= 0 \end{aligned}$$

Untersuchen Sie das LGS auf Lösbarkeit.

Lösung

Erweiterte Koeffizientenmatrix auf Dreiecksform bringen: $\left(\begin{array}{cc|c} -2 & 1 & 3 \\ 12 & -6 & 0 \end{array}\right) \sim \left(\begin{array}{cc|c} -2 & 1 & 3 \\ 0 & 0 & 18 \end{array}\right)$

Aus der letzten Zeile folgt: $0 \cdot x_1 + 0 \cdot x_2 = 18$

Man erhält eine falsche Aussage (0 = 18), d. h., das LGS ist **unlösbar**.

Lösungsmenge L = ∅.

Beispiel

➲ Gegeben ist das Gleichungssystem:

$$\begin{aligned} 2x_1 - x_2 + 3x_3 &= 1 \\ 4x_1 - 2x_2 + x_3 &= -3 \\ -2x_1 + x_2 + 5x_3 &= 3 \end{aligned}$$

Zeigen Sie: Das Gleichungssystem ist unlösbar.

Lösung

Erweiterte Koeffizientenmatrix auf Dreiecksform bringen:

$$\left(\begin{array}{ccc|c} 2 & -1 & 3 & 1 \\ 4 & -2 & 1 & -3 \\ -2 & 1 & 5 & 3 \end{array}\right) \sim \left(\begin{array}{ccc|c} 2 & -1 & 3 & 1 \\ 0 & 0 & -5 & -5 \\ 0 & 0 & 8 & 4 \end{array}\right) (*) \sim \left(\begin{array}{ccc|c} 2 & -1 & 3 & 1 \\ 0 & 0 & -5 & -5 \\ 0 & 0 & 0 & -20 \end{array}\right)$$

Aus der letzten Zeile folgt: $0 \cdot x_1 + 0 \cdot x_2 + 0 \cdot x_3 = -20$.

Man erhält eine falsche Aussage (0 = –20), d. h., das **LGS ist unlösbar**.

Alternative: Aus (*) erhält man: $x_3 = 1$ und $x_3 = 0{,}5$. Dies ist ein Widerspruch.
Dieser Widerspruch bedeutet: Das **LGS ist unlösbar**.

Beachten Sie:

Ist **ein Diagonalelement der umgeformten Koeffizientenmatrix gleich null**, so ist das LGS **nicht eindeutig** lösbar.

Aufgaben

1 Zeigen Sie: Das lineare Gleichungssystem ist unlösbar.

a)
$$\begin{aligned} x_1 - 3x_2 + 2x_3 &= 2 \\ 3x_1 + 3x_2 - 2x_3 &= 1 \\ x_1 - 6x_2 + 4x_3 &= 3 \end{aligned}$$

b)
$$\begin{aligned} 2x_1 - 6x_2 + 9x_3 &= 1 \\ 3x_2 - 2x_3 &= -1 \\ -10x_1 - 25x_3 &= 3 \end{aligned}$$

2 Bestimmen Sie ein lineares Gleichungssystem für die Unbekannten x_1 und x_2 mit der Lösungsmenge L = ∅.

2.3 Das LGS ist mehrdeutig lösbar

Beispiel

➲ Gegeben ist das LGS:

$$\begin{aligned} -x_1 + x_2 + x_3 &= -1 \\ -7x_2 + 7x_3 &= 14 \\ -x_1 + 3x_2 - x_3 &= -5 \end{aligned}$$

Berechnen Sie die Lösungsmenge.

Lösung

Erweiterte Koeffizientenmatrix auf die erweiterte Dreiecksform bringen:

$$\left(\begin{array}{ccc|c} -1 & 1 & 1 & -1 \\ 0 & -7 & 7 & 14 \\ -1 & 3 & -1 & -5 \end{array}\right) \sim \left(\begin{array}{ccc|c} -1 & 1 & 1 & -1 \\ 0 & -1 & 1 & 2 \\ 0 & 2 & -2 & -4 \end{array}\right) \sim \left(\begin{array}{ccc|c} -1 & 1 & 1 & -1 \\ 0 & -1 & 1 & 2 \\ 0 & 0 & 0 & 0 \end{array}\right)$$

Beachten Sie:

Ist **ein Diagonalelement der umgeformten Koeffizientenmatrix** gleich null, so ist das LGS **nicht eindeutig** lösbar.

Die letzte Zeile der erweiterten Dreiecksform entspricht der Gleichung $0 \cdot x_1 + 0 \cdot x_2 + 0 \cdot x_3 = 0$

Diese Gleichung führt für alle $x_1, x_2, x_3 \in \mathbb{R}$ zu einer wahren Aussage (0 = 0).

Aus der 2. Zeile: $-x_2 + x_3 = 2$

Diese Gleichung mit 2 Unbekannten ist mehrdeutig lösbar:

Wir wählen z. B. $x_3 = 1$ und erhalten durch Einsetzen: $x_2 = -1$

oder z. B. $x_3 = -4$ und erhalten durch Einsetzen: $x_2 = -6$.

Um alle Lösungen zu erhalten, setzt man $x_3 = r$, $r \in \mathbb{R}$ (x_3 ist frei wählbar).

Durch Einsetzen berechnet man x_2 in Abhängigkeit von r:

$$-x_2 + r = 2$$
$$x_2 = r - 2$$

Einsetzen in die 1. Zeile ergibt:

$$-x_1 + x_2 + x_3 = -1$$
$$-x_1 + (r - 2) + r = -1$$
$$x_1 = -1 + 2r$$

Das LGS ist **mehrdeutig lösbar**, hat also **unendlich viele Lösungen**.

Lösungsvektor: $\vec{x} = \begin{pmatrix} x_1 \\ x_2 \\ x_3 \end{pmatrix} = \begin{pmatrix} -1 + 2r \\ r - 2 \\ r \end{pmatrix}; r \in \mathbb{R}$

Lösungsmenge: $L = \{\vec{x} \mid \vec{x} = \begin{pmatrix} -1 + 2r \\ r - 2 \\ r \end{pmatrix};\ r \in \mathbb{R}\}$

Hinweis: Ist das LGS mehrdeutig lösbar, so enthält der Lösungsvektor einen Parameter und wird als allgemeine Lösung des linearen Gleichungssystems bezeichnet.

2 Bohner, Ott, Deusch - ISBN 978-3-8120-0639-2

Beispiel

➲ Lösen Sie das folgende lineare Gleichungssystem:

$$\begin{aligned} 2x_1 + 3x_2 - x_3 &= 2 \\ 5x_1 + x_2 \quad &= -3 \end{aligned}$$

Lösung

Hinweis: Das LGS besteht aus zwei Gleichungen mit drei Unbekannten.
Es ist **unterbestimmt**.

2. Gleichung: $5x_1 + x_2 = -3$

In dieser Gleichung mit 2 Unbekannten ist **eine Unbekannte frei wählbar**, z. B. x_1.
(Die Wahl von x_1 ermöglicht eine Rechnung ohne Brüche.)

Man wählt: $x_1 = r;\ r \in \mathbb{R}$

Durch Einsetzen lässt sich x_2 in Abhängigkeit von r berechnen.

Aus $5x_1 + x_2 = -3$ erhält man: $x_2 = -3 - 5r$

Einsetzen in die 1. Gleichung ergibt: $2r + 3\,(-3 - 5r) - x_3 = 2$

$x_3 = -11 - 13r$

Das LGS aus 2 Gleichungen für 3 Unbekannte ist **mehrdeutig lösbar**.

Allgemeine Lösung: $\vec{x} = \begin{pmatrix} r \\ -3 - 5r \\ -11 - 13r \end{pmatrix};\ r \in \mathbb{R}$

Beispiel

➲ Bestimmen Sie alle Lösungen der Gleichung $x_1 - 3x_2 + x_3 = -1$.

Lösung

Zur Lösung dieser Gleichung mit 3 Unbekannten sind **2 Unbekannte frei wählbar**.
Man wählt z. B. $x_2 = r$ und $x_3 = s$; $r, s \in \mathbb{R}$ und
erhält x_1 durch Einsetzen in $x_1 - 3x_2 + x_3 = -1$: $x_1 - 3r + s = -1$

$x_1 = -1 + 3r - s$

Lösungsvektor: $\vec{x} = \begin{pmatrix} -1 + 3r - s \\ r \\ s \end{pmatrix};\ r, s \in \mathbb{R}$

Beispiel

➲ Gegeben ist das LGS durch $\left(\begin{array}{ccc|c} -1 & 0 & 0 & 5 \\ 0 & 0 & 2 & 6 \\ 0 & 0 & 0 & 0 \end{array}\right)$. Bestimmen Sie den Lösungsvektor.

Lösung

Die zugehörigen Gleichungen ergeben: $-x_1 = 5 \quad \Leftrightarrow \quad x_1 = -5$

$2x_3 = 6 \quad \Leftrightarrow \quad x_3 = 3$

$0 \cdot x_1 + 0 \cdot x_2 + 0 \cdot x_3 = 0$

Einsetzen: $0 \cdot (-5) + 0 \cdot x_2 + 0 \cdot 3 = 0$

$0 \cdot x_2 = 0$

In der Gleichung $0 \cdot x_2 = 0$ ist x_2 frei wählbar: $x_2 = r;\ r \in \mathbb{R}$.

Lösungsvektor: $\vec{x} = \begin{pmatrix} -5 \\ r \\ 3 \end{pmatrix};\ r \in \mathbb{R}$

Das LGS ist **mehrdeutig lösbar**.

Beispiel

Gegeben sind die folgenden Gleichungen:

$$\begin{aligned} 2x_1 + 4x_2 - 6x_3 &= 8 \quad (1)\\ 3x_1 + 6x_2 - 8x_3 &= 14 \quad (2)\\ -2x_1 - 4x_2 + 3x_3 &= -14 \quad (3)\\ x_1 - x_2 - 2x_3 &= 0 \quad (4) \end{aligned}$$

a) Berechnen Sie die Lösung des linearen Gleichungssystems, das aus den Gleichungen (1), (2) und (3) besteht.

b) Wie lautet der Lösungsvektor des linearen Gleichungssystems, das aus allen vier Gleichungen besteht?

Lösung

a) Koeffizientenmatrix auf Dreiecksform bringen

$$\left(\begin{array}{ccc|c} 2 & 4 & -6 & 8\\ 3 & 6 & -8 & 14\\ -2 & -4 & 3 & -14 \end{array}\right) \sim \left(\begin{array}{ccc|c} 2 & 4 & -6 & 8\\ 0 & 0 & 2 & 4\\ 0 & 0 & -3 & -6 \end{array}\right) \sim \left(\begin{array}{ccc|c} 2 & 4 & -6 & 8\\ 0 & 0 & 2 & 4\\ 0 & 0 & 0 & 0 \end{array}\right)$$

Hinweis: Mindestens ein Diagonalelement der umgeformten Koeffizientenmatrix ist gleich null, d. h., das LGS ist **nicht eindeutig** lösbar.

Aus der 2. Zeile der erweiterten Dreiecksform $x_3 = 2$

Einsetzen von $x_3 = 2$ in die 1. Zeile $2x_1 + 4x_2 - 12 = 8$

ergibt: $x_1 + 2x_2 = 10$

Zur Lösung dieser Gleichung mit 2 Unbekannten setzt man z. B.: $x_2 = t;\ t \in \mathbb{R}$

(x_2 ist frei wählbar.)

Durch Einsetzen berechnet man x_1 $x_1 + 2t = 10$

(in Abhängigkeit von t): $x_1 = 10 - 2t$

Lösungsvektor: $\vec{x} = \begin{pmatrix} 10 - 2t\\ t\\ 2 \end{pmatrix};\ t \in \mathbb{R}$

Das LGS ist **mehrdeutig lösbar**, hat also unendlich viele Lösungen.

b) Einsetzen der allgemeinen Lösung aus a) in die Gleichung (4) ergibt: $10 - 2t - t - 2 \cdot 2 = 0$

$t = 2$

$t = 2$ einsetzen in $\vec{x} = \begin{pmatrix} 10 - 2t\\ t\\ 2 \end{pmatrix}$ ergibt: $\vec{x} = \begin{pmatrix} 6\\ 2\\ 2 \end{pmatrix}$

Das LGS aus allen vier Gleichungen ist **eindeutig lösbar**.

Aufgaben

1 Bestimmen Sie den Lösungsvektor.

a) $$\begin{aligned} 2x_1 + x_2 + 3x_3 &= -2\\ x_2 + 2x_3 &= 1\\ 4x_1 + 3x_2 + 8x_3 &= -3 \end{aligned}$$

b) $\left(\begin{array}{ccc|c} 1 & 0 & 2 & 1\\ 2 & 1 & -1 & 3\\ 3 & 1 & 1 & 4 \end{array}\right)$

c) $\left(\begin{array}{ccc|c} 0 & 1 & 1 & 2\\ 2 & 1 & 1 & 4\\ 1 & -1 & -1 & -1 \end{array}\right)$

Was man wissen sollte – über die Lösbarkeit eines linearen Gleichungssystems

Untersuchung in zwei Schritten (am Beispiel von 3 Gleichungen für 3 Unbekannte):

1. Umformung der erweiterten Koeffizientenmatrix mit dem Gaußverfahren in die **erweiterte Dreiecksform**:

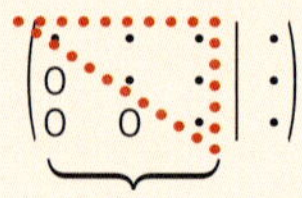

A*

2. Untersuchung der **Diagonalelemente von A***

Alle **Diagonalelemente** von A* sind ungleich null.
↓
Das LGS ist **eindeutig** lösbar.

Mindestens ein **Diagonalelement** von A* ist gleich null.
↓
Das LGS ist **nicht eindeutig** lösbar.
Die rechte Seite entscheidet:
Das LGS ist

mehrdeutig lösbar. z. B. $\left(\begin{array}{ccc|c} \neq 0 & \cdot & \cdot & \cdot \\ 0 & \neq 0 & \cdot & \cdot \\ 0 & 0 & 0 & 0 \end{array}\right)$

unlösbar. $\left(\begin{array}{ccc|c} \neq 0 & \cdot & \cdot & \cdot \\ 0 & \neq 0 & \cdot & \cdot \\ 0 & 0 & 0 & \neq 0 \end{array}\right)$

Beispiele

a) $\left(\begin{array}{ccc|c} -1 & 2 & 0 & 4 \\ 0 & -1 & 2 & 4 \\ 0 & 0 & 1 & 0 \end{array}\right) \Rightarrow \vec{x} = \begin{pmatrix} -12 \\ -4 \\ 0 \end{pmatrix}$ Das inhomogene LGS ist **eindeutig lösbar**.

$\left(\begin{array}{ccc|c} -1 & 2 & 0 & 0 \\ 0 & -1 & 2 & 0 \\ 0 & 0 & 1 & 0 \end{array}\right) \Rightarrow \vec{x} = \begin{pmatrix} 0 \\ 0 \\ 0 \end{pmatrix}$ Das homogene LGS ist **eindeutig lösbar**.

b) $\left(\begin{array}{ccc|c} -1 & 2 & 0 & 4 \\ 0 & -1 & 2 & 4 \\ 0 & 0 & 0 & 0 \end{array}\right) \Rightarrow \vec{x} = \begin{pmatrix} -12 + 4r \\ -4 + 2r \\ r \end{pmatrix}$ Das inhomogene LGS ist **mehrdeutig lösbar**.

$\left(\begin{array}{ccc|c} -1 & 2 & 0 & 0 \\ 0 & -1 & 2 & 0 \\ 0 & 0 & 0 & 0 \end{array}\right) \Rightarrow \vec{x} = \begin{pmatrix} 4r \\ 2r \\ r \end{pmatrix}$ Das homogene LGS ist **mehrdeutig lösbar**.

c) $\left(\begin{array}{ccc|c} -1 & 2 & 0 & 4 \\ 0 & -1 & 2 & 4 \\ 0 & 0 & 0 & 1 \end{array}\right)$ Das inhomogene LGS ist **unlösbar**.

Aufgaben zu linearen Gleichungssystemen

1 Bestimmen Sie den Lösungsvektor.

a) $\left(\begin{array}{ccc|c} -1 & 2 & 0 & 4 \\ 0 & -1 & 2 & 4 \\ 0 & 0 & 0 & 0 \end{array}\right)$
b) $\left(\begin{array}{ccc|c} -1 & 2 & 0 & 4 \\ 0 & 0 & 2 & 4 \\ 0 & 0 & 0 & 0 \end{array}\right)$
c) $\left(\begin{array}{ccc|c} 0 & 1 & 2 & 5 \\ 0 & -2 & 0 & -2 \\ 0 & 0 & 4 & 8 \end{array}\right)$

d) $\left(\begin{array}{ccc|c} 1 & 1 & 2 & 5 \\ 0 & 0 & 0 & 0 \\ 0 & 0 & 0 & 0 \end{array}\right)$
e) $\left(\begin{array}{ccc|c} -1 & 2 & 5 & 0 \\ 0 & -1 & 3 & 0 \\ 0 & 0 & 0 & 0 \end{array}\right)$
f) $\left(\begin{array}{ccc|c} -1 & 2 & 5 & 0 \\ 0 & 0 & 3 & 0 \\ 0 & 0 & 0 & 0 \end{array}\right)$

g) $\left(\begin{array}{cc|c} -1 & 2 & 0 \\ 0 & -1 & 0 \\ 0 & 1 & 0 \end{array}\right)$
h) $\left(\begin{array}{cc|c} 1 & 1 & 5 \\ 0 & 0 & 0 \\ 0 & 0 & 0 \end{array}\right)$
i) $\left(\begin{array}{ccc|c} 1 & 1 & 1 & 3 \\ 1 & -1 & 0 & 2 \\ 2 & 0 & 0 & 5 \end{array}\right)$

c) d)

2 Berechnen Sie die Lösungsmenge.

a) $\begin{aligned} x_1 - 3x_2 + 2x_3 &= 2 \\ 2x_1 - 6x_2 + 5x_3 &= 11 \\ 3x_1 + 11x_2 - 9x_3 &= 1 \end{aligned}$

b) $\begin{aligned} 8x_2 - 4x_3 &= 4 \\ x_1 + 2x_2 - 3x_3 &= 2 \\ -3x_1 - 4x_2 + 8x_3 &= -5 \end{aligned}$

c) $\begin{aligned} 2x_1 + 4x_2 + 6x_3 &= 0 \\ 3x_1 + 2x_2 + x_3 &= 1 \\ 2x_2 + 4x_3 &= -0{,}5 \end{aligned}$

d) $\begin{aligned} 2x_1 + 5x_2 - x_3 &= 25 \\ x_1 + 7x_3 &= 10 \\ x_1 + 2x_2 + x_3 &= 12 \end{aligned}$

e) $\begin{aligned} x_1 + 2x_2 + x_3 &= 0 \\ -2x_1 - x_2 + 3x_3 &= -1 \end{aligned}$

f) $\begin{aligned} 3x_1 - 5x_2 &= 2 \\ x_1 + 3x_3 &= 3 \end{aligned}$

g) $2x_2 + x_3 = -1$

h) $3x_1 - 7x_2 + x_3 = 0$

3 Bestimmen Sie den Lösungsvektor des Gleichungssystems.

a) $\begin{aligned} x_1 + 8x_2 &= -1 \\ x_1 + 2x_2 &= 2 \\ 2x_1 + 6x_2 &= 3 \end{aligned}$

b) $\begin{aligned} x_1 - 3x_2 + x_3 &= 2 \\ 4x_1 - 2x_2 + 3x_3 &= 4 \\ -4x_1 + 2x_2 - x_3 &= -2 \\ 3x_1 + x_2 + 2x_3 &= 2 \end{aligned}$

4 Gegeben ist das LGS $\left(\begin{array}{ccc|c} 0 & 1 & -1 & 1 \\ 0 & 1 & 0 & 2 \\ 0 & 0 & 3 & 1 \end{array}\right)$.

Untersuchen Sie auf Lösbarkeit. Ändern Sie eine Zahl so ab, dass sich die Lösbarkeit ändert. Bestimmen Sie gegebenenfalls den Lösungsvektor.

5 Zeigen Sie, dass das LGS $\begin{aligned} x_1 - 2x_2 + x_3 &= 1 \\ x_1 - 4x_2 + 2x_3 &= 2 \\ -2x_2 + x_3 &= -1 \end{aligned}$

unlösbar ist.

6 Bestimmen Sie r, s und t so, dass

$$\begin{aligned} 4 + r + 2s &= 4t + 3 \\ 3 + 3r + 2s &= 2t \\ 1 + 4r + 4s &= 4t \end{aligned}$$

ist.

7 Gegeben ist das lineare Gleichungssystem:

$$\begin{aligned} x_1 + 3x_2 \phantom{{}- 2x_3} &= 1 \\ 2x_1 + 4x_2 - x_3 &= 0 \\ 2x_1 + 2x_2 - 2x_3 &= -2 \end{aligned}$$

a) Untersuchen Sie, ob $\vec{x}_1 = \begin{pmatrix} 3 \\ 2 \\ -1 \end{pmatrix}$ und $\vec{x}_2 = \begin{pmatrix} -0{,}5 \\ 0{,}5 \\ 1 \end{pmatrix}$ jeweils eine Lösung des linearen Gleichungssystems ist.

b) Bestimmen Sie die allgemeine Lösung des Gleichungssystems.

c) Geben Sie eine Lösung mit ganzzahligen Koordinaten an.

d) Gibt es einen Lösungsvektor, bei dem alle drei Koordinaten gleich sind?

8 Gegeben ist das lineare Gleichungssystem:
$2x_1 - 2x_2 + 2x_3 = x_1 \wedge -x_1 + x_2 + x_3 = x_2 \wedge 4x_1 - 2x_2 = x_3$.

a) Zeigen Sie: $\vec{x} = \begin{pmatrix} 2 \\ 3 \\ 2 \end{pmatrix}$ ist ein Lösungsvektor.

b) Berechnen Sie alle Lösungen.

9 Gegeben ist das LGS:

$$\begin{aligned} 2x_1 - x_2 + x_3 &= -2 \\ -x_1 + x_2 + x_3 &= 2 \\ x_1 + x_2 + 5x_3 &= 2 \end{aligned}$$

Bestimmen Sie den allgemeinen Lösungsvektor.

Prüfen Sie, ob $\vec{x} = \begin{pmatrix} -15 \\ -22 \\ 8 \end{pmatrix}$ ein Lösungsvektor ist.

Bestimmen Sie eine spezielle Lösung mit $x_1 + x_2 + x_3 = 1$.

10 Gegeben ist das LGS $\left(\begin{array}{ccc|c} 1 & 0 & 2 & x \\ 2 & 9 & 10 & y \\ -1 & 3 & 0 & z \end{array}\right)$.

a) Ist das LGS lösbar für $x = y = z = 0$? Wenn ja, geben Sie den Lösungsvektor an.

b) Ist das LGS lösbar für $x = y = 0$ und $z = 1$? Wenn ja, geben Sie die Lösung an.

c) Welche Beziehung besteht zwischen x , y und z, wenn das LGS lösbar ist?

11 Welche der Vektoren $\begin{pmatrix} 1 \\ 0 \\ 0 \end{pmatrix}, \begin{pmatrix} 0 \\ -2 \\ 0 \end{pmatrix}, \begin{pmatrix} 4 \\ 1 \\ 2 \end{pmatrix}$ sind Lösungen der Gleichung $x_1 - 2x_2 + x_3 = 4$?

Bestimmen Sie die allgemeine Lösung dieser Gleichung.

2.4 Anwendungen

Beispiel

➲ Neusilber ist eine Legierung, die aus Kupfer, Zink und Nickel besteht. Zur Herstellung einer Folie wird Neusilber mit 25 % Kupfer (Cu), 40 % Nickel (Ni) und 35 % Zink (Zn) verarbeitet. Die Tabelle (Angaben in %) zeigt die Zusammensetzung der vorhandenen Legierungen.

Aus den Legierungen A, B und C sollen 100 g Neusilber für die Folienherstellung mit dem benötigten Gehalt hergestellt werden. Wie viel g nimmt man von den jeweiligen Legierungen?

	A	B	C
Cu	20	50	60
Ni	40	50	20
Zn	40	0	20

Lösung

Zur Herstellung von 100 Gramm (g) Neusilber nimmt man x Gramm von Legierung A, y Gramm von Legierung B und z Gramm von Legierung C.

In der Legierung A sind 20 % Cu enthalten, d. h., in x g A sind $0{,}2 \cdot x$ g Cu enthalten.
In der Legierung B sind 50 % Cu enthalten, d. h., in y g B sind $0{,}5 \cdot y$ g Cu enthalten.
In der Legierung C sind 60 % Cu enthalten, d. h., in z g C sind $0{,}6 \cdot z$ g Cu enthalten.

Hinweis: 100 g Neusilber mit 25 % Cu-Gehalt enthalten 25 g Cu.

Gleichung für 25 g Kupfer: $0{,}2x + 0{,}5y + 0{,}6z = 25$
ebenso für Nickel (40 g): $0{,}4x + 0{,}5y + 0{,}2z = 40$
ebenso für Zink (35 g): $0{,}4x + \phantom{0{,}5y +} 0{,}2z = 35$

LGS in Matrixform:

$$\left(\begin{array}{ccc|c} 0{,}2 & 0{,}5 & 0{,}6 & 25 \\ 0{,}4 & 0{,}5 & 0{,}2 & 40 \\ 0{,}4 & 0 & 0{,}2 & 35 \end{array}\right) \quad \begin{array}{l} \cdot(-2) \text{ (Zeile 1)} + \text{Zeile 2};\ \cdot(-2) \text{ (Zeile 1)} + \text{Zeile 3} \end{array}$$

Umformung der Matrix:

$$\left(\begin{array}{ccc|c} 0{,}2 & 0{,}5 & 0{,}6 & 25 \\ 0 & -0{,}5 & -1 & -10 \\ 0 & -1 & -1 & -15 \end{array}\right) \quad \cdot(-2) \text{ (Zeile 2)} + \text{Zeile 3}$$

$$\left(\begin{array}{ccc|c} 0{,}2 & 0{,}5 & 0{,}6 & 25 \\ 0 & -0{,}5 & -1 & -10 \\ 0 & 0 & 1 & 5 \end{array}\right)$$

Auflösung ergibt: $z = 5;\ y = 10;\ x = 85$

Ergebnis: Für 100 g Neusilber müssen 85 g von Legierung A, 10 g von Legierung B und 5 g von Legierung C verwendet werden.

Beispiel

➲ Eine Baumarktkette bietet in jeder ihrer Filialen folgende Sets von Schrauben, Nägeln und Dübeln an. Set E enthält 150 Schrauben, 200 Nägel und 50 Dübel, Set F enthält 200 Schrauben, 50 Nägel und 100 Dübel und Set G enthält 60 Schrauben, 260 Nägel und 30 Dübel.

a) Wie lassen sich 2300 Schrauben, 4000 Nägel und 1000 Dübel vollständig in die drei verschiedenen Sets verpacken?

b) Die Filialen A und B werden nacheinander von einem LKW angefahren. Bisher bestellte die Filiale A stets 800 Sets E, 600 Sets F und 400 Sets G, die Filiale B bestellte 500 Sets E, 100 Sets F und 600 Sets G.
Ein Set E bzw. ein Set F wiegen 1,55 kg, ein Set F wiegt 1,20 kg.
In Zukunft will die Filiale A die Bestellzahlen für Set E erhöhen. Da die Zuladung des LKWs begrenzt ist, darf das Gewicht von Schrauben, Nägeln und Dübeln 4,5 t nicht übersteigen. Bestimmen Sie die höchstmögliche Bestellmenge für Set E.

Lösung

a) Aufteilungstabelle:

	Set E	Set F	Set G
Schrauben	150	200	60
Nägel	200	50	260
Dübel	50	100	30

Aufteilungsmatrix: $A = \begin{pmatrix} 150 & 200 & 60 \\ 200 & 50 & 260 \\ 50 & 100 & 30 \end{pmatrix}$

Gesucht sind die Anzahlen: x Sets E, y Sets F und z Sets G.

Zu lösen ist das LGS: $\left(\begin{array}{ccc|c} 150 & 200 & 60 & 2300 \\ 200 & 50 & 260 & 4000 \\ 50 & 100 & 30 & 1000 \end{array}\right)$

Auflösung nach Tausch von Zeile 3 und Zeile 1: $\left(\begin{array}{ccc|c} 50 & 100 & 30 & 1000 \\ 200 & 50 & 260 & 4000 \\ 150 & 200 & 60 & 2300 \end{array}\right)$

$$\left(\begin{array}{ccc|c} 50 & 100 & 30 & 1000 \\ 0 & 350 & -140 & 0 \\ 0 & 100 & 30 & 700 \end{array}\right) \sim \left(\begin{array}{ccc|c} 50 & 100 & 30 & 1000 \\ 0 & 350 & -140 & 0 \\ 0 & 0 & 245 & 2450 \end{array}\right)$$

Lösung: $x = 6,\ y = 4$ und $z = 10$

Ergebnis: Sie lassen sich in 6 Sets E, 4 Sets F und 10 Sets G verpacken.

b) Filiale A will zusätzlich x Sets E bestellen.
Gesamtgewicht von (1300 + x) Sets E, 700 Sets F und 1000 Sets G in kg: $(1{,}55\ \ 1{,}55\ \ 1{,}20)\begin{pmatrix} 1300 + x \\ 700 \\ 1000 \end{pmatrix} = 1{,}55x + 4300$

Bedingung für x: $1{,}55x + 4300 \leq 4500$

$x \leq 129{,}03$

Ergebnis: Filiale A kann zusätzlich höchstens 129 Sets E bestellen.
Die Höchstbestellmenge beträgt also 929 Sets E.

Aufgaben

1 Ein Gartenbaubetrieb bewirtschaftet einen Baumbestand von insgesamt 420 Bäumen, aufgeteilt in Birnbäume (B), Kirschbäume (K) und Apfelbäume (A).
Für die Pflege der Bäume und für die Ernte müssen eine gewisse Anzahl von Arbeitsstunden aufgewendet werden. Für die Pflege stehen insgesamt 950 Arbeitsstunden, für die Ernte 1590 Arbeitsstunden zur Verfügung.

Die Tabelle gibt die Anzahl der Arbeitstunden pro Baum an.
Berechnen Sie die Verteilung der einzelnen Baumarten.

	A	K	B
Pflege	2	1,5	3
Ernte	3	6	2,5

2 Bereiten Sie eine Mischung aus drei Vitaminpräparaten P1, P2 und P3 so, dass sie den täglichen Vitaminbedarf deckt und ein Gramm 1,2 € kostet.
Ein Gramm P1 kostet 0,1 € , ein Gramm P2 kostet 0,15 € und ein Gramm P3 kostet 0,25 €.
Die notwendigen Daten können Sie der Tabelle entnehmen. (Angaben in mg pro g, z. B.: P1 enthält pro g 0,2 mg Vitamin A.)

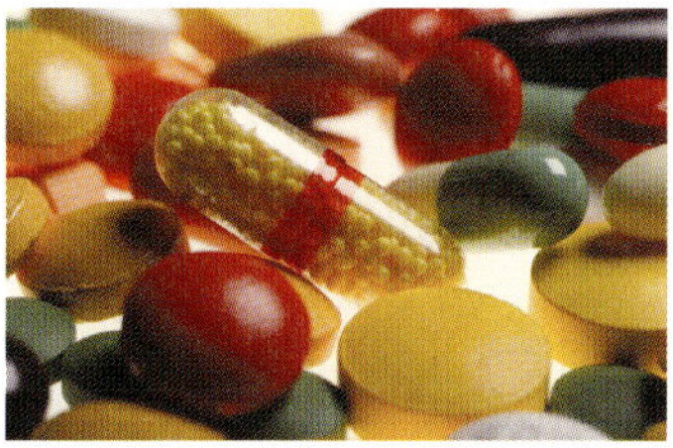

	P1	P2	P3	Tagesbedarf
Vitamin A	0,2	0,3	0,1	2 mg
Vitamin C	10	10	20	100 mg

3 Neusilber ist eine Legierung, die aus Kupfer, Zink und Nickel besteht. Die Tabelle zeigt die vorhandenen Legierungen.
Zur Herstellung eines Schmuckstückes wird Neusilber mit 60 % Kupfer (Cu), 20 % Nickel (Ni) und 20 % Zink (Zn) verarbeitet. Aus den Legierungen A, B und C sollen 100 g Neusilber für die Schmuckherstellung mit dem benötigten Gehalt hergestellt werden.
Wie viel g benötigt man von der Legierung B?

	A	B	C
Cu	40	75	50
Ni	20	25	0
Zn	40	0	50

Angaben in %

4 Ein Pulloverhersteller produziert drei unterschiedliche Sweatshirts in der Größe XL, die sich in der Zusammensetzung der drei Ausgangsmaterialien Baumwolle, Viskose und Polyester unterscheiden:

	Baumwolle	Viskose	Polyester
Sweatshirt A	60 %	40 %	0 %
Sweatshirt B	40 %	20 %	40 %
Sweatshirt C	0 %	40 %	60 %

Für die Herstellung der Sweatshirts A, B und C werden jeweils 0,5 kg Stoff benötigt.

a) Der Hersteller möchte 120 Sweatshirts A, 300 Sweatshirts B und 250 der Sorte C herstellen. Wieviel kg der Ausgangsmaterialien benötigt der Hersteller hierzu?

b) Im Lager sind 1300 kg Baumwolle, 1200 kg Viskose und 1000 kg Polyester. Wie viele Sweatshirts der jeweiligen Sorten können damit hergestellt werden, wenn der Hersteller davon ausgeht, dass alle Ausgangsmaterialien aufgebraucht werden?

5 Die Flotte der Charter-Fluggesellschaft „Aeroplan" besteht aus 6 Flugzeugen des Typs „Canadair Jet", 12 Flugzeugen des Typs „Fokker 50" und 4 Flugzeugen des Typs „Boeing 737". Die Aufteilung der Sitzplätze zwischen Economy Class und Business Class ist der Tabelle zu entnehmen:

	Jet	Fokker	Boeing
Economy	30	30	70
Business	30	20	40

Der Landessportbund Baden-Württemberg flog mit 790 Personen am 9. Juli 2006 zum Endspiel der Fußball-Weltmeisterschaft nach Berlin. Die 340 mitreisenden Vereinspräsidenten und Präsidiumsmitglieder sollten damals alle in der Business Class sitzen. Geben Sie die Flugzeugkombination an, mit denen dieser Auftrag bei 100 % Auslastung der beteiligten Flugzeuge ausgeführt werden konnte.

6 Die Gesamtkosten K eines Betriebs lassen sich durch eine Polynomfunktion 3. Grades berechnen.

Produktionsmenge x in ME	0	2	4	6
Gesamtkosten in GE	18	30	42	102

Bestimmen Sie den Funktionsterm aus der Tabelle mithilfe eines linearen Gleichungssystems.

Test zur Überprüfung Ihrer Grundkenntnisse

1 Untersuchen Sie das LGS auf Lösbarkeit. Bestimmen Sie gegebenenfalls den Lösungsvektor.

a) $3x_1 + 2x_2 - x_3 = -2$
$2x_1 - 3x_2 + x_3 = 9$
$4x_2 + x_3 = -7$

b) $\left(\begin{array}{ccc|c} 2 & 1 & 1 & -2 \\ 0 & 2 & -1 & 0 \\ 4 & 4 & 1 & -4 \end{array}\right)$

c) $\left(\begin{array}{ccc|c} 1 & 2 & 0 & -3 \\ 1 & 3 & 4 & -2 \\ 0 & 1 & 4 & 5 \end{array}\right)$

2 Zeigen Sie: Das LGS ist mehrdeutig lösbar.
$x_1 + 4x_2 + x_3 = 10$
$x_1 + 2x_2 + x_3 = 8$
$x_1 + x_2 + x_3 = 7$

3 Bestimmen Sie den Lösungsvektor des Gleichungssystems.

a) $x_1 + 8x_2 = -1$
$x_1 + 2x_2 = 2$
$2x_1 + 6x_2 = 3$

b) $2x_1 + 3x_2 - 5x_3 = -1$
$-x_1 - x_2 + 3x_3 = 1$

4 Gegeben ist folgendes Gleichungssystem:
$2x_1 + x_2 + 3x_3 = 3$
$x_1 - x_2 + 4x_3 = 3$
$4x_1 + 3x_2 + 11x_3 = 5$

Geben Sie eine Lösung des Gleichungssystems an, bei der $x_3 = 0$ ist.

5 Für ein Klassenfest kaufen drei Schüler im gleichen Getränkemarkt Mineralwasser (M), Saft (S) und Cola (C) ein. Die Tabelle gibt die Anzahl der gekauften Gebinde an.

	Mineralwasser (M)	Saft (S)	Cola (C)
Schüler 1	2	4	5
Schüler 2	3	2	6
Schüler 3	2	5	5

Die Einkäufer legen der Klassenkasse Belege über 80 Euro, 75 Euro und 89 Euro vor. Wie viel Gewinn erwirtschaftet die Klasse, wenn alle Getränke verkauft werden und der Verkaufspreis von M 20 %, der von S 30 % und der von C 25 % über dem jeweiligen Einkaufspreis liegt?

II Rechenoperationen mit Matrizen

1 Rechnen mit Matrizen

Modellierung einer Situation

In 4 Betrieben werden jeweils dieselben 3 Produkte gefertigt. Die Produktion des Monats Mai werde durch die folgende Produktionsmatrix beschrieben:

$$P = \begin{pmatrix} 11 & 12 & 30 & 15 \\ 12 & 14 & 25 & 20 \\ 8 & 8 & 10 & 9 \end{pmatrix}.$$

a) Geben Sie eine Schätzung für die Jahresproduktion.

b) Bestimmen Sie den Gewinn jedes einzelnen Betriebes für den Monat Mai, wenn die Erlöse pro Einheit durch den Vektor (1,5 2 1,1) und die Kosten pro Einheit durch den Vektor (0,8 1,4 0,7) beschrieben werden.
Die Fixkosten der Monatsproduktion betragen jeweils 5,25 GE.

Vor der Sitzung des Vorstandes erhält der Produktionsleiter eine vertrauliche Mail von seinem Freund aus der Buchhaltung: 17 39 41 91 42 98.

Die beiden verschlüsseln ihre Nachrichten mit der Matrix $\begin{pmatrix} 1 & 2 \\ 2 & 5 \end{pmatrix}$.

Enthält diese Mail eine schlechte Nachricht?

Bearbeiten Sie diese Situation nach Abschluss des Kapitels „Rechnen mit Matrizen", in dem Sie die rechts aufgeführten **Qualifikationen und Kompetenzen** erworben haben.

Qualifikationen & Kompetenzen

- Matrizen addieren und mit einem Skalar multiplizieren
- Matrizenprodukt berechnen
- Spezielle Matrizen kennen
- Inverse Matrix berechnen
- Matrizengleichung lösen

1.1 Einführung

In der Wirtschaft treten Problemstellungen auf, in denen Kosten bzw. Anzahlen von Produkten berechnet werden. Zur Vereinfachung der Tabellendarstellung dient die Darstellung der Angaben in Matrixform.

Beispiel

Eine Juniorenfirma in einer Schule verkauft an drei Verkaufsständen Disketten, Schreibblöcke, Kugelschreiber und Bleistifte. Die folgende Tabelle zeigt die Verkaufszahlen für einen Tag.

	Diskette	Schreibblock	Kugelschreiber	Bleistift
Stand 1	15	10	8	7
Stand 2	12	7	5	5
Stand 3	2	4	11	3

Die Zahlen der Tabelle kann man in einem **Zahlenschema** eindeutig darstellen.

$$\begin{pmatrix} 15 & 10 & 8 & 7 \\ 12 & 7 & 5 & 5 \\ 2 & 4 & 11 & 3 \end{pmatrix}$$

Ein solches Zahlenschema heißt **Matrix.**

Da sie aus 3 Zeilen und 4 Spalten besteht, sagt man: Es liegt eine 3-mal-4-Matrix vor.

Sie hat das **Format** (3, 4) bzw. sie ist vom Typ (3, 4). Die Zahlen in der Matrix heißen **Elemente der Matrix.** Um die Position der Elemente festzulegen, ordnet man jedem Element zwei Zahlen zu, den **Zeilenindex** und den **Spaltenindex.**

Die Zahl 8 steht in der 1. Zeile und in der 3. Spalte.

8 ist das Element a_{13}: $a_{13} = 8$.

$$A = \begin{pmatrix} 15 & 10 & 8 & 7 \\ 12 & 7 & 5 & 5 \\ 2 & 4 & 11 & 3 \end{pmatrix}$$

Die Matrix A besteht aus 4 Spaltenvektoren, z. B. $\begin{pmatrix} 15 \\ 12 \\ 2 \end{pmatrix}$ oder $\begin{pmatrix} 10 \\ 7 \\ 4 \end{pmatrix}$

und aus 3 Zeilenvektoren, z. B. (15 10 8 7) oder (2 4 11 3).

Definition einer Matrix

Ein **Zahlenschema** aus **m** Zeilen und **n** Spalten $(m, n \in \mathbb{N}^*)$ nennt man eine **Matrix** vom Format (m; n) bzw. vom Typ (m; n).

Matrizen werden mit **großen Buchstaben** bezeichnet: A, B, C, ...

$$A = \begin{pmatrix} a_{11} & a_{12} & a_{13} & \dots & a_{1n} \\ a_{21} & a_{22} & a_{23} & \dots & a_{2n} \\ \dots & \dots & \dots & \dots & \dots \\ a_{m1} & a_{m2} & a_{m3} & \dots & a_{mn} \end{pmatrix} = (a_{ij})_{mn} \quad \text{mit } i = 1, \dots, m \text{ und } j = 1, \dots, n$$

Die Zahlen a_{ij} heißen Elemente von A.

i ist der Zeilenindex; j ist der Spaltenindex.

Eine **Matrix** mit **einer Zeile** nennt man **Zeilenvektor**, mit **einer Spalte Spaltenvektor.**

Schreibweise von Vektoren mit Kleinbuchstaben: $\vec{a} = (15 \quad 10 \quad 8 \quad 7)$ oder $\vec{b} = \begin{pmatrix} 15 \\ 12 \\ 2 \end{pmatrix}$.

Beispiele

Produktionsmatrix

Aus einer **Produktionstabelle** (Bearbeitungszeit von Produkt A, B auf Maschine 1, 2, 3 in Minuten) entsteht eine Produktionsmatrix.

	Produkt A	Produkt B
Maschine 1	2	4
Maschine 2	1,5	2,5
Maschine 3	0,75	3

Produktionsmatrix $P = \begin{pmatrix} 2 & 4 \\ 1{,}5 & 2{,}5 \\ 0{,}75 & 3 \end{pmatrix}$

Z. B.: Die Bearbeitung von Produkt A auf Maschine 1 dauert 2 Minuten.

Verflechtungsmatrix

Aus einer **Verflechtungstabelle** entsteht eine **Verflechtungsmatrix**.

	Bergbau	Energie	Industrie	Endver-braucher
Bergbau	5	500	400	0
Energie	100	25	600	550
Industrie	50	120	800	600

Verflechtungsmatrix

$A = \begin{pmatrix} 5 & 500 & 400 & 0 \\ 100 & 25 & 600 & 550 \\ 50 & 120 & 800 & 600 \end{pmatrix}$

Z. B.: Der Sektor Energie hat im betrachteten Zeitraum 100 Einheiten an den Sektor Bergbau geliefert.

Herstellmatrix

Ein Betrieb stellt aus den Zwischenprodukte Z_1, Z_2 und Z_3 die Endprodukte E_1 und E_2 her

Verflechtungsdiagramm (Gozintograph)

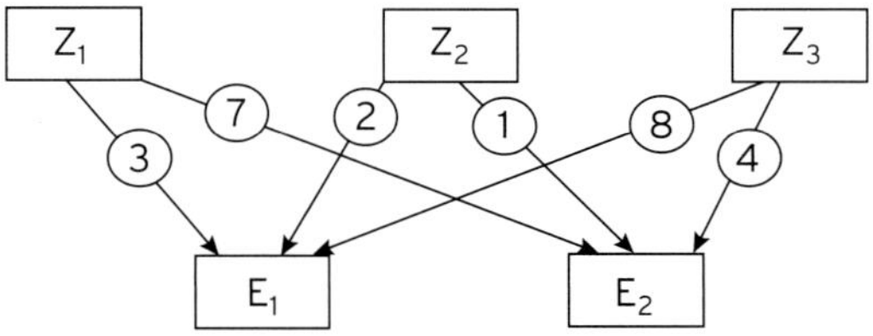

Zwischenprodukt-Endprodukt-Tabelle

	E_1	E_2
Z_1	3	7
Z_2	2	1
Z_3	8	4

Stückliste

Zwischenprodukt-Endprodukt-Matrix

$\mathbf{B} = \begin{pmatrix} 3 & 7 \\ 2 & 1 \\ 8 & 4 \end{pmatrix}$

Herstellmatrix für die Endprodukte

Zur Herstellung einer ME E_1 braucht man 3 ME Z_1, 2 ME Z_2 und 8 ME Z_3.

Die erste Spalte ergibt den **Verbrauchsvektor** für 1 ME von E_1: $\begin{pmatrix} 3 \\ 2 \\ 8 \end{pmatrix}$

Die zweite Spalte ergibt den **Verbrauchsvektor** für 1 ME von E_2: $\begin{pmatrix} 7 \\ 1 \\ 4 \end{pmatrix}$

1.2 Addition und skalare Multiplikation

Addition von Matrizen

Beispiel

➲ Gegeben sind die Matrizen $A = \begin{pmatrix} 15 & 10 & 8 & 7 \\ 12 & 7 & 5 & 5 \\ 2 & 4 & 11 & 3 \end{pmatrix}$ und $B = \begin{pmatrix} 2 & 3 & 1 & 4 \\ 15 & 10 & 6 & 2 \\ 3 & 9 & 5 & 3 \end{pmatrix}$.

A und B geben die Verkaufszahlen der Juniorenfirma für die zwei Verkaufstage einer Woche an. Stellen Sie die Verkaufszahlen für diese Woche in einer Matrix C dar.

Lösung

Man erhält die Verkaufszahlen einer Woche durch **Addition** der entsprechenden Elemente von A und B.

1. Tag: A 2. Tag: B Wochenumsatz: C

$$\begin{pmatrix} 15 & 10 & 8 & 7 \\ 12 & 7 & 5 & 5 \\ 2 & 4 & 11 & 3 \end{pmatrix} + \begin{pmatrix} 2 & 3 & 1 & 4 \\ 15 & 10 & 6 & 2 \\ 3 & 9 & 5 & 3 \end{pmatrix} = \begin{pmatrix} 15+2 & 10+3 & 8+1 & 7+4 \\ 12+15 & 7+10 & 5+6 & 5+2 \\ 2+3 & 4+9 & 11+5 & 3+3 \end{pmatrix}$$

Die Elemente der Matrix C erhält man durch **Addition der entsprechenden Elemente von A und B**, d.h., die Matrix C entsteht durch **Addition der Matrizen A und B**.

Matrix $C = \begin{pmatrix} 17 & 13 & 9 & 11 \\ 27 & 17 & 11 & 7 \\ 5 & 13 & 16 & 6 \end{pmatrix}$ $C = A + B$

Festlegung

Zwei Matrizen A und B werden addiert, indem man die **Elemente der Matrizen** A und B, die an der gleichen Position stehen, **addiert**.

$A + B = (a_{ij}) + (b_{ij}) = (a_{ij} + b_{ij})$

Beispiele

$$\begin{pmatrix} 2 & 10 \\ -4 & 1 \end{pmatrix} + \begin{pmatrix} -1 & 7 \\ -5 & -6 \end{pmatrix} = \begin{pmatrix} 1 & 17 \\ -9 & -5 \end{pmatrix}$$

$$\begin{pmatrix} 2 \\ -4 \\ 8 \end{pmatrix} + \begin{pmatrix} 10 \\ 1 \\ 4 \end{pmatrix} = \begin{pmatrix} 2+10 \\ -4+1 \\ 8+4 \end{pmatrix} = \begin{pmatrix} 12 \\ -3 \\ 12 \end{pmatrix}$$

$$\begin{pmatrix} 3 & 5 & 0 \\ -3 & 1 & 1 \\ 5 & 4 & 1 \end{pmatrix} + \begin{pmatrix} 0 & 2 & -3 \\ -3 & 1 & 3 \\ -1 & -3 & -5 \end{pmatrix} = \begin{pmatrix} 3 & 7 & -3 \\ -6 & 2 & 4 \\ 4 & 1 & -4 \end{pmatrix}$$

$$(2\ \ -1\ \ 4) + (0\ \ 6\ \ -5) = (2\ \ 5\ \ -1)$$

$\begin{pmatrix} 2 & 10 \\ -4 & 1 \end{pmatrix} + \begin{pmatrix} -1 \\ -6 \end{pmatrix}$ Keine Addition möglich, da nur **Matrizen von gleichem Format addiert** werden können.

Skalare Multiplikation

Beispiel

Die Juniorenfirma möchte Waren für einen Monat einkaufen. Wie lässt sich, ausgehend von den Verkaufszahlen einer Woche (Matrix C), der voraussichtliche Bedarf für vier Wochen errechnen?

Lösung

Verkaufszahlen einer Woche: $C = \begin{pmatrix} 17 & 13 & 9 & 11 \\ 27 & 17 & 11 & 7 \\ 5 & 13 & 16 & 6 \end{pmatrix}$

Voraussichtlicher Bedarf für 4 Wochen:

$$\begin{pmatrix} \mathbf{4}\cdot 17 & \mathbf{4}\cdot 13 & \mathbf{4}\cdot 9 & \mathbf{4}\cdot 11 \\ \mathbf{4}\cdot 27 & \mathbf{4}\cdot 17 & \mathbf{4}\cdot 11 & \mathbf{4}\cdot 7 \\ \mathbf{4}\cdot 5 & \mathbf{4}\cdot 13 & \mathbf{4}\cdot 16 & \mathbf{4}\cdot 6 \end{pmatrix} = \begin{pmatrix} 68 & 52 & 36 & 44 \\ 108 & 68 & 44 & 28 \\ 20 & 52 & 64 & 24 \end{pmatrix} = \mathbf{4}\cdot \begin{pmatrix} 17 & 13 & 9 & 11 \\ 27 & 17 & 11 & 7 \\ 5 & 13 & 16 & 6 \end{pmatrix} = \mathbf{4}\cdot C = C\cdot 4$$

Festlegung

Eine Matrix $A = (a_{ij})$ wird mit einer **reellen Zahl (Skalar) k** multipliziert, indem man jedes Element von A mit der reellen Zahl k multipliziert.

$k\cdot A = k\cdot (a_{ij}) = (ka_{ij});\; k \in \mathbb{R}$

Beispiele

a) $\frac{1}{2}\begin{pmatrix} 2 & 6 & 1 \\ -3 & 8 & -2 \end{pmatrix} = \begin{pmatrix} 1 & 3 & 0{,}5 \\ -1{,}5 & 4 & -1 \end{pmatrix}$

b) $-2\begin{pmatrix} 0{,}5 & -5 & 0 \\ 2 & -3 & 3{,}5 \\ -1 & 2 & -4 \end{pmatrix} = \begin{pmatrix} -1 & 10 & 0 \\ -4 & 6 & -7 \\ 2 & -4 & 8 \end{pmatrix}$

c) $\begin{pmatrix} -4 \\ -8 \\ 16 \end{pmatrix} = 4\begin{pmatrix} -1 \\ -2 \\ 4 \end{pmatrix}$

Hinweis: Einen gemeinsamen Faktor aller Elemente der Matrix kann man vor die Matrix „ziehen" (ausklammern).

d) $\begin{pmatrix} \frac{1}{7} & \frac{3}{14} \\ \frac{-3}{7} & \frac{5}{14} \end{pmatrix} = \frac{1}{14}\begin{pmatrix} 2 & 3 \\ -6 & 5 \end{pmatrix}$

e) $3A - 4B = 3\begin{pmatrix} 1 & 4 \\ -2 & 5 \\ 3 & 6 \end{pmatrix} - 4\begin{pmatrix} -2 & -7 \\ 0 & 1 \\ 1 & -3 \end{pmatrix} = \begin{pmatrix} 3 & 12 \\ -6 & 15 \\ 9 & 18 \end{pmatrix} - \begin{pmatrix} -8 & -28 \\ 0 & 4 \\ 4 & -12 \end{pmatrix} = \begin{pmatrix} 11 & 40 \\ -6 & 11 \\ 5 & 30 \end{pmatrix}$

Beachten Sie:

$A + B = B + A$	**Kommutativgesetz**
$(A + B) + C = A + (B + C) = A + B + C$	**Assoziativgesetz**
Für $k \in \mathbb{R}$ gilt: $k\cdot A = A\cdot k$	**Multiplikation mit einem Skalar k.**
$k\cdot (A + B) = k\cdot A + k\cdot B$	

Beispiel

In den Betrieben Hirter und Hart werden die Rohstoffe R_1, R_2 und R_3 verarbeitet. Die folgenden Tabellen geben an, wie viel ME der Rohstoffe wöchentlich gebraucht werden.

Hirter

	R_1	R_2	R_3
Woche 1	8	6	8
Woche 2	6	9	7
Woche 3	5	8	11

Hart

	R_1	R_2	R_3
Woche 1	7	6	7
Woche 2	5	8	7
Woche 3	5	4	10

Wie groß ist der Verbrauch an Rohstoffen für beide Betriebe in den einzelnen Wochen?
Wie groß ist der Unterschied im Verbrauch der beiden Betriebe in den einzelnen Wochen?
Wie groß ist der Verbrauch an Rohstoffen für 5 Betriebe der Größe von Firma Hirter?

Lösung

Verbrauchsmatrix Hirter $A = \begin{pmatrix} 8 & 6 & 8 \\ 6 & 9 & 7 \\ 5 & 8 & 11 \end{pmatrix}$ **Verbrauchsmatrix** Hart $B = \begin{pmatrix} 7 & 6 & 7 \\ 5 & 8 & 7 \\ 5 & 4 & 10 \end{pmatrix}$

Die Verbrauchsmatrizen sind 3×3-Matrizen (3 Zeilen und 3 Spalten).

Hinweis:
Eine **m × n** Matrix besteht aus **m Zeilenvektoren** und **n Spaltenvektoren.**

Verbrauchsvektor bzw. Verbrauchsmatrix für beide Betriebe **zusammen:**

R_1-Verbrauch: $\begin{pmatrix} 8 \\ 6 \\ 5 \end{pmatrix} + \begin{pmatrix} 7 \\ 5 \\ 5 \end{pmatrix} = \begin{pmatrix} 15 \\ 11 \\ 10 \end{pmatrix}$

Rohstoff-Verbrauch: $A + B = \begin{pmatrix} 8 & 6 & 8 \\ 6 & 9 & 7 \\ 5 & 8 & 11 \end{pmatrix} + \begin{pmatrix} 7 & 6 & 7 \\ 5 & 8 & 7 \\ 5 & 4 & 10 \end{pmatrix} = \begin{pmatrix} 15 & 12 & 15 \\ 11 & 17 & 14 \\ 10 & 12 & 21 \end{pmatrix}$ **Addition von zwei Matrizen**

Vergleich des Rohstoffverbrauchs in beiden Betrieben:

Für R_1: $\begin{pmatrix} 8 \\ 6 \\ 5 \end{pmatrix} - \begin{pmatrix} 7 \\ 5 \\ 5 \end{pmatrix} = \begin{pmatrix} 1 \\ 1 \\ 0 \end{pmatrix}$

für alle Rohstoffe: $A - B = \begin{pmatrix} 8 & 6 & 8 \\ 6 & 9 & 7 \\ 5 & 8 & 11 \end{pmatrix} - \begin{pmatrix} 7 & 6 & 7 \\ 5 & 8 & 7 \\ 5 & 4 & 10 \end{pmatrix} = \begin{pmatrix} 1 & 0 & 1 \\ 1 & 1 & 0 \\ 0 & 4 & 1 \end{pmatrix}$ **Subtraktion von zwei Matrizen**

Die Firma Hart braucht nie mehr Rohstoffe (R_1) als Firma Hirter.
Beide Firmen weisen mehrfach den gleichen Rohstoffbedarf auf.
Verbrauch von 5 Betrieben der Größe von Firma Hirter:

Für R_1: $5 \cdot \begin{pmatrix} 8 \\ 6 \\ 5 \end{pmatrix} = \begin{pmatrix} 40 \\ 30 \\ 25 \end{pmatrix}$

für alle Rohstoffe: $5A = 5 \cdot \begin{pmatrix} 8 & 6 & 8 \\ 6 & 9 & 7 \\ 5 & 8 & 11 \end{pmatrix} = \begin{pmatrix} 40 & 30 & 40 \\ 30 & 45 & 35 \\ 25 & 40 & 55 \end{pmatrix}$ **Skalare Multiplikation**

Aufgaben

1 Gegeben sind $A = \begin{pmatrix} 1 & -4 & 2 \\ -2 & 5 & 3 \\ 0 & -1 & 7 \end{pmatrix}$, $B = \begin{pmatrix} 2 & -1 & -1 \\ 0 & -5 & 3 \\ -3 & 1 & 4 \end{pmatrix}$, $\vec{x} = \begin{pmatrix} 5 \\ 1 \\ 3 \end{pmatrix}$ und $\vec{y} = \begin{pmatrix} 4 \\ -1 \\ -2 \end{pmatrix}$. Berechnen Sie.

a) $A + B$ b) $2A - B$ c) $\frac{1}{2}(A + B)$ d) $3A - 4B$ e) $\vec{x} - \vec{y}$ f) $2\vec{x} + 3\vec{y}$

2 Die Brauereien Harle und Brodmann verbrauchen wöchentlich Hopfen, Malz und Wasser. Die Angaben in ME für einen Monat ist in folgenden Tabellen zusammengefasst.

Harle	Hopfen	Malz	Wasser
Woche 1	8	5	13
Woche 2	10	7	6
Woche 3	7	9	6
Woche 4	11	8	10

Brodmann	Hopfen	Malz	Wasser
Woche 1	9	5	13
Woche 2	10	7	7
Woche 3	9	10	6
Woche 4	12	10	12

Wie groß ist der Verbrauch an Rohstoffen für beide Betriebe in den einzelnen Wochen? Wie groß ist der Unterschied im Verbrauch der beiden Betriebe in den einzelnen Wochen? Berechnen Sie jeweils die Summe über die erste Spalte. Erläutern Sie Ihre Ergebnisse.

3 Die folgenden Tabellen zeigen den Lagerbestand an Motoren in den Werken I, II und III zu Quartalsbeginn, die Zugänge und die Abgänge im Quartal. Übertragen Sie die Tabellen in Matrizen und berechnen Sie den Lagerbestand am Quartalsende.

Lagerbestand			
	Werk		
Motor	I	II	III
A	300	410	435
B	280	370	505
C	175	412	525

Zugänge			
	Werk		
Motor	I	II	III
A	600	940	1200
B	870	730	1020
C	425	920	760

Abgänge			
	Werk		
Motor	I	II	III
A	700	1050	1450
B	940	815	1204
C	520	865	785

4 Die folgenden Tabellen weisen die Verkaufszahlen der ersten zwei Monate des Jahres und die Gesamtzahlen für das erste Quartal aus.

Januar			
	Filiale		
Ware	W	R	L
1	26	59	35
2	83	76	35
3	75	102	29

Februar			
	Filiale		
Ware	W	R	L
1	32	91	69
2	73	68	51
3	62	62	57

1. Quartal			
	Filiale		
Ware	W	R	L
1	112	205	156
2	256	198	134
3	156	212	122

a) Berechnen Sie die Verkaufszahlen für den Monat März.

b) Wie viel Waren werden in den einzelnen Filialen voraussichtlich während des ganzen Jahres verkauft? Erstellen Sie eine sinnvolle Schätzung.

1.3 Multiplikation von Matrizen

Beispiel

➲ Herbert kauft zum Schuljahresbeginn Schreibwaren ein.
Er führt einen Preisvergleich zwischen der Juniorenfirma und einem Schreibwarenladen durch.

Juniorenfirma

Menge	Stückpreis (in €)	Preis (in €)
4 Schreibblöcke	1,10	4 · 1,10 = 4,40
3 Kugelschreiber	0,60	3 · 0,60 = 1,80
5 Bleistifte	0,40	5 · 0,40 = 2,00
Gesamtpreis:		8,20

Schreibwarenladen

Menge	Stückpreis (in €)	Preis (in €)
4 Schreibblöcke	1,20	4 · 1,20 = 4,80
3 Kugelschreiber	0,50	3 · 0,50 = 1,50
5 Bleistifte	0,45	5 · 0,45 = 2,25
Gesamtpreis:		8,55

Den Gesamtpreis kann man mit dem **Schema von Falk** berechnen.

Juniorenfirma

	$\begin{pmatrix} 1{,}10 \\ 0{,}60 \\ 0{,}40 \end{pmatrix}$ Stückpreisvektor
(4 3 5)	4 · 1,10 + 3 · 0,60 + 5 · 0,40 = **8,20**
Mengenvektor	**Gesamtpreis**

Zeilenvektor $\vec{a}$ mal Spaltenvektor $\vec{b}$ ergibt eine Zahl (Skalar).

	$\vec{b}$
$\vec{a}$	$\vec{a} \cdot \vec{b}$ = Zahl

Beachten Sie

Das Produkt aus einem **Zeilenvektor** und einem **Spaltenvektor** heißt **Skalarprodukt**.
Das Skalarprodukt ist **eine Zahl.**

Juniorenfirma/Schreibwarenladen

	$\begin{pmatrix} 1{,}10 & 1{,}20 \\ 0{,}60 & 0{,}50 \\ 0{,}40 & 0{,}45 \end{pmatrix}$ Stückpreisvektor
(4 3 5)	(8,20 8,55)
Mengenvektor	**Gesamtpreisvektor**

Zeilenvektor $\vec{a}$ mal Matrix B ergibt einen Zeilenvektor.

	B
$\vec{a}$	$\vec{a} \cdot$ B Zeilenvektor

Karl möchte die gleichen Artikel einkaufen wie Herbert, nur braucht er andere Stückzahlen: Mengenvektor $\vec{a} = (7\ \ 5\ \ 2)$.
Er führt auch einen Preisvergleich zwischen der Juniorenfirma und dem Schreibwarenladen durch. Der Gesamtpreis, den Herbert und Karl bezahlen müssten, kann wieder mit dem **Falk'schen Schema** berechnet werden.

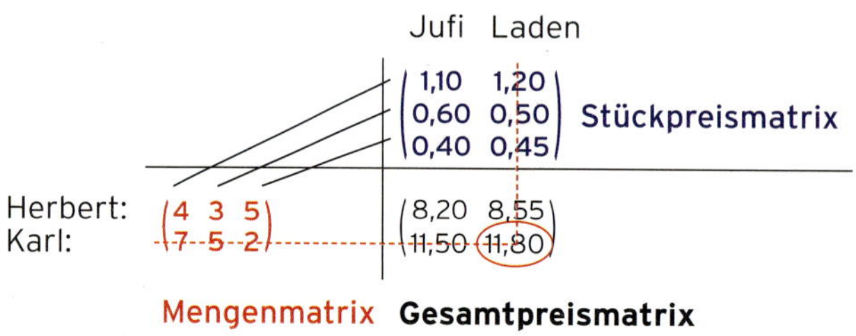

Matrix A mal Matrix B ergibt eine Matrix:

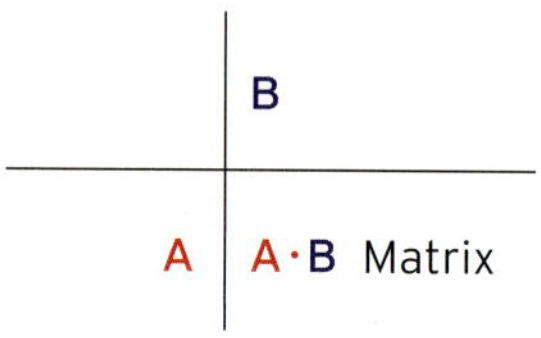

Z. B.: $7 \cdot 1{,}20 + 5 \cdot 0{,}50 + 2 \cdot 0{,}45 = 11{,}80$

Definition der Matrizenmultiplikation

Das Produkt zweier Matrizen $A = (a_{ij})$ und $B = (b_{rs})$ wird nach folgendem Schema berechnet.

	B
A	A·B

$$\begin{pmatrix} b_{11} & b_{12} & \dots & b_{1\ell} & \dots & b_{1p} \\ b_{21} & b_{22} & \dots & b_{2\ell} & \dots & b_{2p} \\ \vdots & \vdots & & \vdots & & \\ b_{n1} & b_{n2} & \dots & b_{n\ell} & \dots & b_{np} \end{pmatrix} = B$$

$$A = \begin{pmatrix} a_{11} & a_{12} & \dots & a_{1n} \\ a_{21} & a_{22} & \dots & a_{2n} \\ \vdots & \vdots & & \vdots \\ a_{k1} & a_{k2} & \dots & a_{kn} \\ \vdots & \vdots & & \vdots \\ a_{m1} & a_{m2} & \dots & a_{mn} \end{pmatrix} \quad \begin{pmatrix} c_{11} & c_{12} & \dots & c_{1\ell} & \dots & c_{1p} \\ c_{21} & c_{22} & \dots & c_{2\ell} & \dots & c_{2p} \\ \vdots & \vdots & & c_{k\ell} & & \vdots \\ c_{m1} & c_{m2} & \dots & c_{m\ell} & \dots & c_{mp} \end{pmatrix} = A \cdot B$$

Berechnung des Elementes $c_{k\ell}$: $c_{k\ell} = a_{k1} \cdot b_{1\ell} + a_{k2} \cdot b_{2\ell} + \dots + a_{kn} \cdot b_{n\ell} = \sum_{j=1}^{n} a_{kj} \cdot b_{j\ell}$

Hinweis: A·B kann nur berechnet werden, wenn die Anzahl der Spalten von A mit der Anzahl der Zeilen von B übereinstimmt. $A_{(m;\,n)} \cdot B_{(n;\,p)} = C_{(m;\,p)}$.
Beispiel: $A_{(2;\,3)} \cdot B_{(3;\,4)} = C_{(2;\,4)}$

Beispiel

➲ Gegeben sind die Matrizen $A = \begin{pmatrix} 2 & -1 \\ 5 & -3 \end{pmatrix}$ und $B = \begin{pmatrix} 2 & -1 \\ 3 & 0 \end{pmatrix}$.
Berechnen Sie A · B und A · A.

Lösung

$$A \cdot B = \begin{pmatrix} 2 & -1 \\ 5 & -3 \end{pmatrix} \cdot \begin{pmatrix} 2 & -1 \\ 3 & 0 \end{pmatrix} = \begin{pmatrix} 1 & -2 \\ 1 & -5 \end{pmatrix}$$

$$A \cdot A = \begin{pmatrix} 2 & -1 \\ 3 & 0 \end{pmatrix}^2 = \begin{pmatrix} 1 & -2 \\ 6 & -3 \end{pmatrix}$$

$A \cdot A = A^2$ Matrixpotenz

Schema von Falk

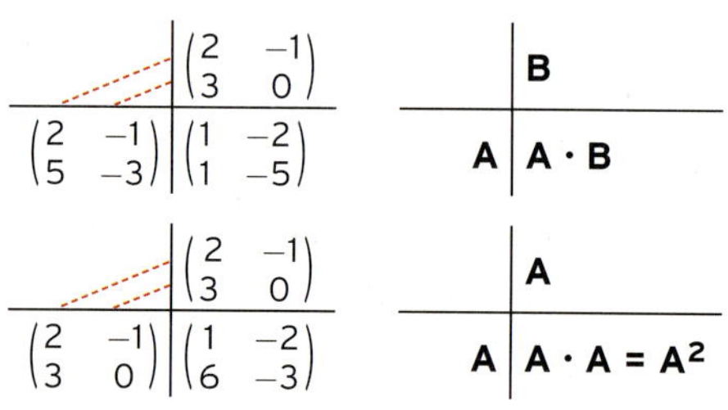

Beispiel

➲ Gegeben sind die Matrizen $A = \begin{pmatrix} 2 & -1 & -1 \\ 5 & -3 & -4 \\ -1 & 0 & 1 \end{pmatrix}$, $B = \begin{pmatrix} 2 & -1 & 5 \\ 3 & 0 & -4 \\ 1 & -4 & 0 \end{pmatrix}$ und $E = \begin{pmatrix} 1 & 0 & 0 \\ 0 & 1 & 0 \\ 0 & 0 & 1 \end{pmatrix}$.
Berechnen Sie.

a) $A \cdot B$ und $B \cdot A$ **b)** $A \cdot E$ und $E \cdot A$

Lösung

a) $A \cdot B = \begin{pmatrix} 0 & 2 & 14 \\ -3 & 11 & 37 \\ -1 & -3 & -5 \end{pmatrix}$ Berechnung im Schema:

	B
A	A·B

$B \cdot A = \begin{pmatrix} -6 & 1 & 7 \\ 10 & -3 & -7 \\ -18 & 11 & 15 \end{pmatrix}$ Berechnung im Schema:

	A
B	B·A

Beachten Sie:

$A \cdot B \neq B \cdot A$ (im Allgemeinen) Die Matrizenmultiplikation ist **nicht kommutativ**.

b) $A \cdot E = \begin{pmatrix} 2 & -1 & -1 \\ 5 & -3 & -4 \\ -1 & 0 & 1 \end{pmatrix} \cdot \begin{pmatrix} 1 & 0 & 0 \\ 0 & 1 & 0 \\ 0 & 0 & 1 \end{pmatrix} = A$; $E \cdot A = \begin{pmatrix} 1 & 0 & 0 \\ 0 & 1 & 0 \\ 0 & 0 & 1 \end{pmatrix} \begin{pmatrix} 2 & -1 & -1 \\ 5 & -3 & -4 \\ -1 & 0 & 1 \end{pmatrix} = \begin{pmatrix} 2 & -1 & -1 \\ 5 & -3 & -4 \\ -1 & 0 & 1 \end{pmatrix} = A$

Beachten Sie:

$A \cdot E = E \cdot A = A$ E steht für **Einheitsmatrix.**

E ist eine quadratische Matrix mit $e_{ij} = 1$ für $i = j$ und $e_{ij} = 0$ für $i \neq j$.

$E = \begin{pmatrix} 1 & 0 \\ 0 & 1 \end{pmatrix}$ ist die (2; 2) Einheitsmatrix; $E = \begin{pmatrix} 1 & 0 & 0 \\ 0 & 1 & 0 \\ 0 & 0 & 1 \end{pmatrix}$ ist die (3; 3) Einheitsmatrix.

Beispiel

➲ Gegeben sind die Rohstoff-Zwischenprodukt-Tabelle und die Zwischenprodukt-Endprodukt-Tabelle. Die zugehörigen Matrizen werden mit A bzw. B bezeichnet.
Berechnen Sie $A \cdot B = C$ und interpretieren Sie das Element c_{13}.

	Z_1	Z_2
R_1	4	2
R_2	3	5

	E_1	E_2	E_3
Z_1	2	1	5
Z_2	7	4	7

Lösung

Rohstoff-Zwischenprodukt-Matrix: $A = \begin{pmatrix} 4 & 2 \\ 3 & 5 \end{pmatrix}$

Zwischenprodukt-Endprodukt-Matrix: $B = \begin{pmatrix} 2 & 1 & 5 \\ 7 & 4 & 7 \end{pmatrix}$

Die Rohstoff-Endprodukt-Matrix C erhält man durch Multiplikation: $A \cdot B = \begin{pmatrix} 4 & 2 \\ 3 & 5 \end{pmatrix} \cdot \begin{pmatrix} 2 & 1 & 5 \\ 7 & 4 & 7 \end{pmatrix} = \begin{pmatrix} 22 & 12 & 34 \\ 41 & 23 & 50 \end{pmatrix} = C$

Bedeutung des Elements $c_{13} = 34$:
Für eine ME E_3 braucht man $4 \cdot 5 + 2 \cdot 7 = 34$ Rohstoffe R_1. Für die Produktion von 1 ME E_3 benötigt man 34 ME R_1 (und 50 ME R_2).

Hinweis: C beschreibt, wie viel ME der einzelnen Rohstoffe für je eine ME der Endprodukte benötigt werden.

Beispiel

➲ Ein Betrieb produziert aus den drei Rohstoffen R_1, R_2 und R_3 die Produkte P_1 und P_2. Der Materialfluss in Mengeneinheiten (ME) ist der Tabelle (Stückliste) zu entnehmen.
Ein Kunde erteilt einen Auftrag über 20 ME von P_1 und 15 ME von P_2. Berechnen Sie, wie viele ME der Rohstoffe von jeder Sorte benötigt werden.

	P_1	P_1
R_1	4	6
R_2	0	8
R_3	5	3

Lösung

Aus der Tabelle erhält man die Produktionsmatrix $C = \begin{pmatrix} 4 & 6 \\ 0 & 8 \\ 5 & 3 \end{pmatrix}$.

Die **1. Spalte** der Matrix gibt an, wie viel ME der einzelnen Rohstoffe R_1, R_2 und R_3 für die Herstellung von **1 ME P_1** benötigt werden: 4 ME R_1 und 5 ME R_3.
Die **1. Zeile** der Matrix gibt an, wie viel ME des Rohstoffes R_1 für die Herstellung von **1 ME von P_1 bzw. P_2** benötigt werden.

Berechnung des **Rohstoffbedarfs** am Beispiel von R_1:

			P_1	20
	P_1	P_2	P_2	15
R_1	4	6		$4 \cdot 20 + 6 \cdot 15 = 170$

$$(4 \;\; 6) \cdot \begin{pmatrix} 20 \\ 15 \end{pmatrix} = 170$$

Für die Herstellung von 20 ME von P_1 und 15 ME von P_2 braucht man 170 ME R_1.

Berechnung des Rohstoffbedarfs am Beispiel von R_2:

			P_1	20
	P_1	P_2	P_2	15
R_2	0	8		$0 \cdot 20 + 8 \cdot 15 = 120$

$$(0 \;\; 8) \cdot \begin{pmatrix} 20 \\ 15 \end{pmatrix} = 120$$

Für die Herstellung von 20 ME von P_1 und 15 ME von P_2 braucht man 120 ME R_2.
Multiplikation mit dem Produktionsvektor (als Spaltenvektor) ergibt die benötigte Menge an Rohstoffen.

$$\begin{pmatrix} 4 & 6 \\ 0 & 8 \\ 5 & 3 \end{pmatrix} \begin{pmatrix} 20 \\ 15 \end{pmatrix} = \begin{pmatrix} 170 \\ 120 \\ 145 \end{pmatrix}$$
$$C \cdot \vec{x} = \vec{r}$$

$$C \cdot \vec{x} = \vec{r}$$

Für die Herstellung von 20 ME von P_1 und 15 ME von P_2 braucht man 170 ME von R_1, 120 ME von R_2 und 145 ME von R_3.

Was man wissen sollte ... über das Rechnen mit Matrizen

Addition von Matrizen: A + B

Es können nur Matrizen vom **gleichen Typ** addiert werden.

$A + B = (a_{ij}) + (b_{ij}) = (a_{ij} + b_{ij})$

Eigenschaften

$A + O = O + A = A$	**O: Nullmatrix**
$A + B = B + A$	**Kommutativgesetz**
$(A + B) + C = A + (B + C) = A + B + C$	**Assoziativgesetz**

Skalare Multiplikation: k · A

Multiplikation einer Zahl $k \in \mathbb{R}$ (Skalar) mit einer Matrix.

$k \cdot A = k \cdot (a_{ij}) = (k \cdot a_{ij});\ k \in \mathbb{R}$

Eigenschaften ($k \in \mathbb{R}$)

$k \cdot A = A \cdot k$

$k \cdot (A + B) = k \cdot A + k \cdot B$

Multiplikation zweier Matrizen: A · B

Die Spaltenzahl der Matrix A muss mit der Zeilenzahl der Matrix B übereinstimmen.

Ist A eine (m; n)- und B eine (n; p)-Matrix, dann gilt für das Format der Ergebnismatrix: **(m; n) · (n; p) → (m; p)**

Die Matrizenmultiplikation ist **nicht kommutativ**, d. h., $A \cdot B \neq B \cdot A$ (im Allg.)

Eigenschaften ($k \in \mathbb{R}$)

$(A \cdot B) \cdot C = A \cdot (B \cdot C) = A \cdot B \cdot C$	**Assoziativgesetz**
$(A + B) \cdot C = A \cdot C + B \cdot C$	**Distributivgesetz**
$A \cdot (B + C) = A \cdot B + A \cdot C$	
$A \cdot O = O \cdot A = O$	**O: Nullmatrix**
$A \cdot E = E \cdot A = A$	**E: Einheitsmatrix**

$k \cdot (A \cdot B) = (k \cdot A) \cdot B = A \cdot (k \cdot B) = (A \cdot B) \cdot k$

$(k \cdot A)^2 = k^2 \cdot A^2$ mit $A^2 = A \cdot A$

Skalarprodukt

Multiplikation eines **Zeilenvektors** mit einem **Spaltenvektor** ergibt eine **Zahl (Skalar)**.

Hinweis: Die Division zweier Matrizen ist nicht definiert.

Aufgaben

1 Gegeben sind die Matrizen A und B und die Vektoren $\vec{a}$ und $\vec{b}$ durch

$A = \begin{pmatrix} 2 & -3 & 0 \\ -1 & 2 & -5 \\ 0 & -5 & 1 \end{pmatrix}$, $B = \begin{pmatrix} 1 & -4 & 1 \\ 3 & 0 & -1 \\ -2 & 2 & 5 \end{pmatrix}$, $\vec{a} = \begin{pmatrix} -1 \\ 2 \\ 1 \end{pmatrix}$, $\vec{b} = (2 \;\; 3 \;\; -4)$. Berechnen Sie.

a) $A \cdot B$ b) $B \cdot \vec{a}$ c) B^2 d) $(A + E) \cdot B$

e) $\frac{1}{20} \cdot A \cdot \vec{a}$ f) $\vec{b} \cdot A$ g) $\vec{b} \cdot B \cdot A$ h) $\vec{b} \cdot \vec{a}$

2 Gegeben sind die Matrizen A, B und C durch $A = \begin{pmatrix} 2 & 3 & 0 \\ -1 & 5 & 2 \end{pmatrix}$; $B = \begin{pmatrix} 3 & -3 \\ -1 & 1 \\ 0 & 1 \end{pmatrix}$; $C = \begin{pmatrix} 0 & 4 & 0 \\ 2 & 1 & -1 \end{pmatrix}$.

Berechnen Sie.

a) $(2A + C) \cdot B$ b) $2B \cdot C$ c) $A \cdot B - B \cdot A$

Welche Folgerungen ergeben sich aus dem Ergebnis von c)?

3 Gegeben sind die Matrizen A und B durch $A = \begin{pmatrix} 1 & 2 \\ -1 & 3 \\ 2 & 4 \end{pmatrix}$ und $B = \begin{pmatrix} 4 & -2 \\ 0 & 5 \end{pmatrix}$.
Berechnen Sie $A \cdot B$ und $B^3 - 2B$.

4 Berechnen Sie x, sodass $(2{,}5 \;\; 0{,}75 \;\; 0{,}5 \;\; 0{,}25) \begin{pmatrix} x \\ x \\ x \\ x \end{pmatrix} + (12 \;\; 15 \;\; 16 \;\; 20) \begin{pmatrix} x \\ x \\ x \\ x \end{pmatrix} + 50 = 251$ ergibt.

5 Gegeben sind die Matrizen $A = \begin{pmatrix} 1 & 1 & 1 & 2 \\ 2 & 6 & -8 & -1 \end{pmatrix}$ und $B = \begin{pmatrix} 5 & -5 \\ 4 & 4 \\ 2 & -3 \\ -1 & 1 \end{pmatrix}$.

Berechnen Sie $A \cdot B$ und $B \cdot A$. Vergleichen Sie.

6 Gegeben sind die Vektoren $\vec{k} = (2 \;\; 1 \;\; 3)$, $\vec{p} = \begin{pmatrix} -3 \\ 1 \\ 5 \end{pmatrix}$ und die Matrix $C = \begin{pmatrix} 2 & 1 & 1 \\ 1 & 3 & 1 \\ 4 & 2 & 1 \end{pmatrix}$.
Berechnen Sie $\vec{k} \cdot \vec{p}$ und $\vec{k} \cdot C \cdot \vec{p}$.

7 Gegeben sind die Matrizen A und B durch $A = \begin{pmatrix} 4 & 1 & -8 & 5 \\ 2 & 10 & -4 & -1 \\ -5 & 9 & 7 & 3 \\ 4 & 4 & -6 & 7 \end{pmatrix}$ und $B = \begin{pmatrix} -4 & 2 \\ 3 & -1 \\ 0 & 6 \\ 4 & -8 \end{pmatrix}$.

a) Berechnen Sie die Elemente c_{31} und c_{42} des Matrizenproduktes $C = A \cdot B$.

b) Das Element a_{31} der Matrix A wird geändert zu 2,5; das Element b_{22} der Matrix B wird geändert zu 1,5. Berechnen Sie nun das neue Element c_{32} des Matrizenproduktes $C = A \cdot B$.

8 Die Brauerei Harle kann ihre Rohstoffe von zwei Lieferanten beziehen. Die Lieferanten können wochenweise gewechselt werden.

Preis in GE/ME	Hopfen AG Süd	Westmalz AG
Hopfen	40	45
Malz	133	127
Wasser	80	76

Harle	Hopfen	Malz	Wasser
Woche 1	8	5	13
Woche 2	10	7	6
Woche 3	7	9	6
Woche 4	11	8	10

Welchen Lieferanten empfehlen Sie der Brauerei?

9 Das Aktienpaket von Frau Honess umfasst 30 Aktien der Firma Hut, 40 Aktien der Firma Geha und 55 Aktien der Firma Schmal. Die Aktienkurse liegen heute bei 38,40 €, 105,25 € bzw. 455,80 €. Frau Honess werden 55 000 € für das Aktienpaket angeboten.
Beraten Sie Frau Honess, indem Sie eine Matrizenrechnung durchführen.

10 Bestimmen Sie a und b so, dass für die Matrix $A = \begin{pmatrix} 1 & a \\ 2 & b \end{pmatrix}$ gilt: $A^2 = E$.

11 Gegeben ist die Matrix $A = \begin{pmatrix} 1 & 2 \\ 0 & 1 \end{pmatrix}$. Berechnen Sie A^3 und geben Sie A^n an.

12 Berechnen Sie a, b und d, so dass $\begin{pmatrix} 2 & 1 \\ 4 & 3 \end{pmatrix} \cdot \begin{pmatrix} a & 2 \\ 5 & b \end{pmatrix} = \begin{pmatrix} 3 & c \\ d & 26 \end{pmatrix}$.

13 Ein Betrieb stellt aus den zwei Rohstoffen R_1 und R_2 die Produkte E_1, E_2 und E_3 her. Der Materialfluss in ME ist der Tabelle zu entnehmen. Berechnen Sie, wie viel ME der Rohstoffe für die Produktion von 80 ME von E_1, 60 ME von E_2 und 110 ME von E_3 benötigt werden.

	E_1	E_2	E_3
R_1	2	1	3
R_2	4	0	2

14 Gegeben sind die Rohstoff-Zwischenprodukt-Matrix $A = \begin{pmatrix} 1 & 3 & 6 \\ 2 & 5 & 4 \end{pmatrix}$ und die Zwischenprodukt-Endprodukt-Matrix $B = \begin{pmatrix} 3 & 1 & 7 \\ 5 & 4 & 6 \\ 2 & 2 & 3 \end{pmatrix}$.

Berechnen Sie $C = (c_{ij}) = A \cdot B$ und interpretieren Sie das Element c_{21}.

15 Ein Unternehmen stellt drei Erzeugnisse E_1, E_2 und E_3 her, die auf drei Automaten bearbeitet werden. Die Bearbeitungszeit je Stück und die Produktionszahlen von zwei Arbeitsperioden sind in nachstehenden Tabellen zusammengefasst.

	benötigte Zeit (Min.) je Stück		
Automat	E_1	E_2	E_3
1	2	3	2
2	2	5	1
3	1	3	2

	Produktion in Periode	
	I	II
E_1	210	120
E_2	180	220
E_3	320	300

a) Berechnen Sie die Maschinenlaufzeiten der einzelnen Automaten je Arbeitsperiode.

b) Bestimmen Sie die Auslastung der Automaten in %, wenn die maximal zur Verfügung stehende Maschinenlaufzeit für alle Automaten 120 Stunden in Periode I und 100 Stunden in Periode II betrug.

16 Kuhn & Co. stellt Edelstahl her. Der Bedarf in Tonnen für drei Wochen und die Preise der Lieferanten in €/Tonne sind in der Tabelle aufgelistet.

Bedarf	Eisenerz	Steinkohle
Woche 1	8	9
Woche 2	4	8
Woche 3	5	5

Preise	Ruhr AG	Alco AG	Tiess AG
Eisenerz	530	580	570
Steinkohle	430	410	440

Welcher Lieferant ist der kostengünstigste?

2 Inverse Matrix

2.1 Einführung

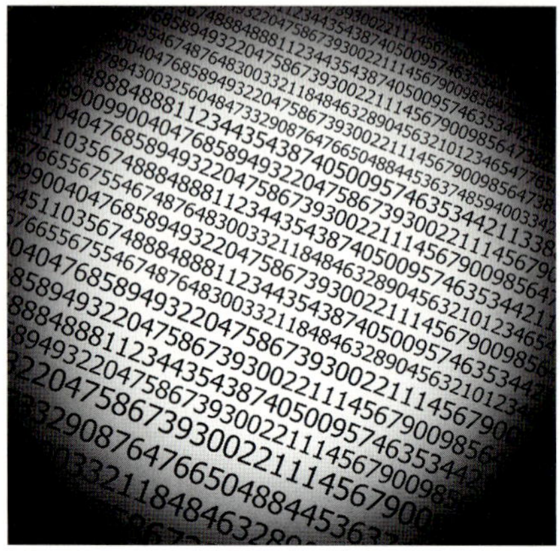

Zur Verschlüsselung von Texten verwendet man z. B. Matrizen. Zunächst benötigt man eine Matrix A, mit deren Hilfe verschlüsselt werden soll. Man braucht aber auch eine Matrix A*, damit man später wieder entschlüsseln kann.

Beispiel

Jedem Buchstaben ordnet man in der Reihenfolge des Alphabets die Zahlen 1 bis 26 zu. Aus dem Wort „Schule" wird, indem man die Buchstaben durchnummeriert, die Zahlenfolge
19 3 8 21 12 5.

Diese Zahlenfolge wird als Matrix aufgeschrieben: $\begin{pmatrix} 19 & 8 & 12 \\ 3 & 21 & 5 \end{pmatrix}$

Wir verschlüsseln mit der Matrix $A = \begin{pmatrix} 1 & 3 \\ 4 & 2 \end{pmatrix}$

durch Multiplikation von links mit A: $\begin{pmatrix} 1 & 3 \\ 4 & 2 \end{pmatrix} \cdot \begin{pmatrix} 19 & 8 & 12 \\ 3 & 21 & 5 \end{pmatrix} = \begin{pmatrix} 28 & 71 & 27 \\ 82 & 74 & 58 \end{pmatrix}$

Der verschlüsselte „Text" lautet also: 28 82 71 74 27 58

Zur Entschlüsselung wird der verschlüsselte Text mit $A^* = \begin{pmatrix} -0{,}2 & 0{,}3 \\ 0{,}4 & -0{,}1 \end{pmatrix}$ multipliziert: $\begin{pmatrix} -0{,}2 & 0{,}3 \\ 0{,}4 & -0{,}1 \end{pmatrix} \cdot \begin{pmatrix} 28 & 71 & 27 \\ 82 & 74 & 58 \end{pmatrix} = \begin{pmatrix} 19 & 8 & 12 \\ 3 & 21 & 5 \end{pmatrix}$

Das Ergebnis wird in eine Zeile geschrieben und dann in Buchstaben zurückübersetzt.

Allgemeine Überlegung:

Die Nachricht B wird verschlüsselt: $A \cdot B = S$

Die verschlüsselte Nachricht S wird entschlüsselt: $A^* \cdot S = B$

$\underbrace{A^* \cdot A}_{E} \cdot B = B$

A* macht die Operation rückgängig. $E \cdot B = B$

$A \cdot A^* = E = \begin{pmatrix} 1 & 0 \\ 0 & 1 \end{pmatrix}$

A* heißt **Inverse** zu A und wird mit A^{-1} bezeichnet.

Beachten Sie:

A sei eine **quadratische Matrix**.
Die **inverse Matrix** von A wird mit A^{-1} bezeichnet.
Hat A eine Inverse, so heißt A **invertierbar**.
Eigenschaft der Inversen: $A \cdot A^{-1} = A^{-1} \cdot A = E$

2.2 Berechnung der inversen Matrix

Beispiel

➲ Gegeben ist die Matrix A mit $A = \begin{pmatrix} 2 & 5 \\ 1 & 3 \end{pmatrix}$.

Gesucht ist eine Matrix X, die folgende Gleichung erfüllt: $A \cdot X = E$.
Berechnen Sie X.

Lösung

Ansatz: $X = \begin{pmatrix} x_1 & x_3 \\ x_2 & x_4 \end{pmatrix}$

$A \cdot X$	$\begin{pmatrix} x_1 & x_3 \\ x_2 & x_4 \end{pmatrix}$
$\begin{pmatrix} 2 & 5 \\ 1 & 3 \end{pmatrix}$	$\begin{pmatrix} 2x_1 + 5x_2 & 2x_3 + 5x_4 \\ x_1 + 3x_2 & x_3 + 3x_4 \end{pmatrix} = \begin{pmatrix} 1 & 0 \\ 0 & 1 \end{pmatrix}$

Aus $A \cdot X = E$ folgen **4 Gleichungen mit 4 Unbekannten** bzw. **zwei Gleichungssysteme** mit der **gleichen Koeffizientenmatrix**.

$2x_1 + 5x_2 = 1$ $\qquad$ $2x_3 + 5x_4 = 0$

$x_1 + 3x_2 = 0$ $\qquad$ $x_3 + 3x_4 = 1$

Matrixschreibweise:

$$\begin{matrix} x_1 & x_2 & \\ \end{matrix}\qquad \begin{matrix} x_3 & x_4 & \\ \end{matrix}$$

$$\left(\begin{array}{cc|c} 2 & 5 & 1 \\ 1 & 3 & 0 \end{array}\right) \cdot (-2) \qquad \left(\begin{array}{cc|c} 2 & 5 & 0 \\ 1 & 3 & 1 \end{array}\right) \cdot (-2)$$

$$\left(\begin{array}{cc|c} 2 & 5 & 1 \\ 0 & -1 & 1 \end{array}\right) \cdot 5 \qquad \left(\begin{array}{cc|c} 2 & 5 & 0 \\ 0 & -1 & -2 \end{array}\right) \cdot 5$$

$$\left(\begin{array}{cc|c} 2 & 0 & 6 \\ 0 & -1 & 1 \end{array}\right) \begin{array}{l} |:2 \\ |\cdot(-1) \end{array} \qquad \left(\begin{array}{cc|c} 2 & 0 & -10 \\ 0 & -1 & -2 \end{array}\right) \begin{array}{l} |:2 \\ |\cdot(-1) \end{array}$$

Lösung: $x_1 = 3$; $x_2 = -1$; $x_3 = -5$; $x_4 = 2$

$$\left(\begin{array}{cc|c} 1 & 0 & 3 \\ 0 & 1 & -1 \end{array}\right) \qquad \left(\begin{array}{cc|c} 1 & 0 & -5 \\ 0 & 1 & 2 \end{array}\right)$$

Zusammengefasste Ausgangsmatrix: (A | E)

$$\begin{matrix} & & x_3 & x_4 \\ x_1 & x_2 & & \end{matrix}$$

$$\left(\begin{array}{cc|cc} 2 & 5 & 1 & 0 \\ 1 & 3 & 0 & 1 \end{array}\right) \cdot (-2)$$

$$\left(\begin{array}{cc|cc} 2 & 5 & 1 & 0 \\ 0 & -1 & 1 & -2 \end{array}\right) \cdot 5$$

$$\left(\begin{array}{cc|cc} 2 & 0 & 6 & -10 \\ 0 & -1 & 1 & -2 \end{array}\right) \begin{array}{l} |:2 \\ |\cdot(-1) \end{array}$$

Zielmatrix: (E | X)

$$\left(\begin{array}{cc|cc} 1 & 0 & 3 & -5 \\ 0 & 1 & -1 & 2 \end{array}\right)$$

Gesuchte Matrix X: $X = \begin{pmatrix} 3 & -5 \\ -1 & 2 \end{pmatrix}$

Da $A \cdot X = E$, ist X die **inverse Matrix von A**. Man bezeichnet sie mit A^{-1}.

Probe: $A \cdot X = \begin{pmatrix} 2 & 5 \\ 1 & 3 \end{pmatrix} \cdot \begin{pmatrix} 3 & -5 \\ -1 & 2 \end{pmatrix} = \begin{pmatrix} 1 & 0 \\ 0 & 1 \end{pmatrix} = E$

Beispiel

➲ Bestimmen Sie die Inverse von A mit $A = \begin{pmatrix} 2 & -3 \\ 1 & 3 \end{pmatrix}$.

Lösung

Berechnung mit dem Gaußverfahren

Ergänzen Sie A mit E: $\left(\begin{array}{cc|cc} 2 & -3 & 1 & 0 \\ 1 & 3 & 0 & 1 \end{array}\right) \cdot (-2)$

Umformung von (A | E) → (E | A^{-1})

$\left(\begin{array}{cc|cc} 2 & -3 & 1 & 0 \\ 0 & -9 & 1 & -2 \end{array}\right) \cdot (-3)$

$\left(\begin{array}{cc|cc} -6 & 0 & -2 & -2 \\ 0 & -9 & 1 & -2 \end{array}\right) \begin{array}{l} | : (-6) \\ | : (-9) \end{array}$

$\left(\begin{array}{cc|cc} 1 & 0 & \frac{2}{6} & \frac{2}{6} \\ 0 & 1 & -\frac{1}{9} & \frac{2}{9} \end{array}\right)$

$\left(\begin{array}{cc|cc} 1 & 0 & \frac{1}{3} & \frac{1}{3} \\ 0 & 1 & -\frac{1}{9} & \frac{2}{9} \end{array}\right)$

Inverse von A: $A^{-1} = \begin{pmatrix} \frac{1}{3} & \frac{1}{3} \\ -\frac{1}{9} & \frac{2}{9} \end{pmatrix}$

Gemeinsamen Faktor ausklammern: $A^{-1} = \frac{1}{9}\begin{pmatrix} 3 & 3 \\ -1 & 2 \end{pmatrix}$

Beispiel

➲ Gegeben ist die Matrix A mit $A = \begin{pmatrix} 1 & 0 & 0 \\ 0 & 1 & 1 \\ 2 & 0 & 1 \end{pmatrix}$. Bestimmen Sie die Inverse von A.

Lösung

Berechnung der inversen Matrix mit dem Gaußverfahren

Ergänzen Sie A mit E: $\left(\begin{array}{ccc|ccc} 1 & 0 & 0 & 1 & 0 & 0 \\ 0 & 1 & 1 & 0 & 1 & 0 \\ 2 & 0 & 1 & 0 & 0 & 1 \end{array}\right) \cdot (-2)$

Umformung von (A | E) → (E | A^{-1})

$\left(\begin{array}{ccc|ccc} 1 & 0 & 0 & 1 & 0 & 0 \\ 0 & 1 & 1 & 0 & 1 & 0 \\ 0 & 0 & 1 & -2 & 0 & 1 \end{array}\right) \cdot (-1)$

$\left(\begin{array}{ccc|ccc} 1 & 0 & 0 & 1 & 0 & 0 \\ 0 & 1 & 0 & 2 & 1 & -1 \\ 0 & 0 & 1 & -2 & 0 & 1 \end{array}\right)$

Inverse von A: $A^{-1} = \begin{pmatrix} 1 & 0 & 0 \\ 2 & 1 & -1 \\ -2 & 0 & 1 \end{pmatrix}$

Hinweis: Existiert die **Inverse** A^{-1} von A, so heißt A **invertierbar**.

Beispiel

➲ Gegeben ist die Matrix A mit $A = \begin{pmatrix} 1 & 2 & 2 \\ 1 & 3 & 1 \\ -1 & 2 & -1 \end{pmatrix}$. Bestimmen Sie die Inverse von A.

Lösung

Berechnung der inversen Matrix mit dem Gaußverfahren

Ergänzen Sie A mit E:

$$\left(\begin{array}{ccc|ccc} 1 & 2 & 2 & 1 & 0 & 0 \\ 1 & 3 & 1 & 0 & 1 & 0 \\ -1 & 2 & -1 & 0 & 0 & 1 \end{array}\right) \quad \cdot(-1)$$

Umformung von (A | E)

$$\left(\begin{array}{ccc|ccc} 1 & 2 & 2 & 1 & 0 & 0 \\ 0 & -1 & 1 & 1 & -1 & 0 \\ 0 & 4 & 1 & 1 & 0 & 1 \end{array}\right) \quad \cdot(4)$$

$$\left(\begin{array}{ccc|ccc} 1 & 2 & 2 & 1 & 0 & 0 \\ 0 & -1 & 1 & 1 & -1 & 0 \\ 0 & 0 & 5 & 5 & -4 & 1 \end{array}\right) \quad \cdot 5,\ \cdot(-2),\ \cdot(-5)$$

$$\left(\begin{array}{ccc|ccc} 5 & 10 & 0 & -5 & 8 & -2 \\ 0 & 5 & 0 & 0 & 1 & 1 \\ 0 & 0 & 5 & 5 & -4 & 1 \end{array}\right) \quad \cdot(-2)$$

$$\left(\begin{array}{ccc|ccc} 5 & 0 & 0 & -5 & 6 & -4 \\ 0 & 5 & 0 & 0 & 1 & 1 \\ 0 & 0 & 5 & 5 & -4 & 1 \end{array}\right) \quad \begin{array}{l} |:5 \\ |:5 \\ |:5 \end{array}$$

(E | A^{-1})

$$\left(\begin{array}{ccc|ccc} 1 & 0 & 0 & -\frac{5}{5} & \frac{6}{5} & -\frac{4}{5} \\ 0 & 1 & 0 & 0 & \frac{1}{5} & \frac{1}{5} \\ 0 & 0 & 1 & \frac{5}{5} & -\frac{4}{5} & \frac{1}{5} \end{array}\right) = (E \mid A^{-1})$$

Inverse von A:

$$A^{-1} = \frac{1}{5}\begin{pmatrix} -5 & 6 & -4 \\ 0 & 1 & 1 \\ 5 & -4 & 1 \end{pmatrix}$$

Beispiel

➲ Zeigen Sie: $B = \begin{pmatrix} 0{,}5 & 0 & 0 \\ -2 & 1 & 1 \\ -2 & 0 & 1 \end{pmatrix}$ ist die Inverse von A mit $A = \begin{pmatrix} 2 & 0 & 0 \\ 0 & 1 & -1 \\ 4 & 0 & 1 \end{pmatrix}$.

Lösung

Probe durch Multiplikation:

$$A \cdot B = \begin{pmatrix} 2 & 0 & 0 \\ 0 & 1 & -1 \\ 4 & 0 & 1 \end{pmatrix} \cdot \begin{pmatrix} 0{,}5 & 0 & 0 \\ -2 & 1 & 1 \\ -2 & 0 & 1 \end{pmatrix}$$

$$A \cdot B = \begin{pmatrix} 1 & 0 & 0 \\ 0 & 1 & 0 \\ 0 & 0 & 1 \end{pmatrix} = E$$

Beziehungsweise:

$$B \cdot A = \begin{pmatrix} 0{,}5 & 0 & 0 \\ -2 & 1 & 1 \\ -2 & 0 & 1 \end{pmatrix} \cdot \begin{pmatrix} 2 & 0 & 0 \\ 0 & 1 & -1 \\ 4 & 0 & 1 \end{pmatrix}$$

$$B \cdot A = \begin{pmatrix} 1 & 0 & 0 \\ 0 & 1 & 0 \\ 0 & 0 & 1 \end{pmatrix} = E$$

Damit ist gezeigt: $B = A^{-1}$.

Hinweis: Ist die Matrix A invertierbar, so gibt es genau eine Inverse von A.

Beispiel

Gegeben ist die Matrix A^{-1} mit $A^{-1} = \begin{pmatrix} 6 & -2 & 3 \\ 14 & -4 & 6 \\ 6 & -3 & 4 \end{pmatrix}$.

Bestimmen Sie a und b, so dass gilt: $A = \begin{pmatrix} -1 & a & 0 \\ 10 & -3 & -3 \\ 9 & -3 & b \end{pmatrix}$.

Lösung

Es gilt: $A \cdot A^{-1} = E$

Multipikation $\begin{pmatrix} -1 & a & 0 \\ 10 & -3 & -3 \\ 9 & -3 & b \end{pmatrix} \cdot \begin{pmatrix} 6 & -2 & 3 \\ 14 & -4 & 6 \\ 6 & -3 & 4 \end{pmatrix} = \begin{pmatrix} 1 & 0 & 0 \\ 0 & 1 & 0 \\ 0 & 0 & 1 \end{pmatrix} = E$

Bedingungen für a und b z. B.: $-1 \cdot 6 + 14 \cdot a + 0 \cdot 6 = 1 \Rightarrow a = 0{,}5$

$9 \cdot 6 - 3 \cdot 14 + b \cdot 6 = 0 \Rightarrow b = -2$

$A = \begin{pmatrix} -1 & 0{,}5 & 0 \\ 10 & -3 & -3 \\ 9 & -3 & -2 \end{pmatrix}$ ist die Inverse von A^{-1}.

Beispiel

Für die invertierbaren Matrizen A und B gilt: $A \cdot B = 5\,E$. Zeigen Sie: $A^{-1} = \frac{1}{5}B$.

Lösung

Es gilt: $A \cdot A^{-1} = E$

Einsetzen: $A \cdot \frac{1}{5}B = \frac{1}{5}A \cdot B = \frac{1}{5} \cdot 5E = E$

$\frac{1}{5}B$ ist die Inverse von A.

Beispiel

Berechnen Sie A^{-1} und $(A^{-1})^{-1}$ von $A = \begin{pmatrix} 4 & 3 \\ 1 & 1 \end{pmatrix}$. Was fällt auf?

Lösung

Berechnung von A^{-1}: $\left(\begin{array}{cc|cc} 4 & 3 & 1 & 0 \\ 1 & 1 & 0 & 1 \end{array}\right) \sim \left(\begin{array}{cc|cc} 4 & 3 & 1 & 0 \\ 0 & -1 & 1 & -4 \end{array}\right) \sim \left(\begin{array}{cc|cc} 4 & 0 & 4 & -12 \\ 0 & -1 & 1 & -4 \end{array}\right) \sim \left(\begin{array}{cc|cc} 1 & 0 & 1 & -3 \\ 0 & 1 & -1 & 4 \end{array}\right)$

$A^{-1} = \begin{pmatrix} 1 & -3 \\ -1 & 4 \end{pmatrix}$

Berechnung von $(A^{-1})^{-1}$: $\left(\begin{array}{cc|cc} 1 & -3 & 1 & 0 \\ -1 & 4 & 0 & 1 \end{array}\right) \sim \left(\begin{array}{cc|cc} 1 & -3 & 1 & 0 \\ 0 & 1 & 1 & 1 \end{array}\right) \sim \left(\begin{array}{cc|cc} 1 & 0 & 4 & 3 \\ 0 & 1 & 1 & 1 \end{array}\right)$

$(A^{-1})^{-1} = A$

Beispiel

Jan behauptet: Die Matrix $A = \begin{pmatrix} 1 & 1 & 1 \\ 0 & 1 & 2 \\ 0 & -1 & -2 \end{pmatrix}$ hat keine Inverse. Stimmt das?

Lösung

Berechnung der Inversen: $\left(\begin{array}{ccc|ccc} 1 & 1 & 1 & 1 & 0 & 0 \\ 0 & 1 & 2 & 0 & 1 & 0 \\ 0 & -1 & -2 & 0 & 0 & 1 \end{array}\right) \sim \left(\begin{array}{ccc|ccc} 1 & 1 & 1 & 1 & 0 & 0 \\ 0 & 1 & 2 & 0 & 1 & 0 \\ 0 & 0 & 0 & 0 & 1 & 1 \end{array}\right)$

Die „Nullzeile" verhindert eine Umformung auf (E | ...). Jan hat Recht. A hat keine Inverse.

Aufgaben

1 Berechnen Sie die Inverse von A.

a) d)

a) $A = \begin{pmatrix} -2 & 1 \\ 1 & 3 \end{pmatrix}$ b) $A = \begin{pmatrix} 1 & 4 \\ -4 & -3 \end{pmatrix}$ c) $A = \begin{pmatrix} 1 & 2 & 1 \\ 0 & 1 & 4 \\ 0 & 0 & 5 \end{pmatrix}$

d) $A = \begin{pmatrix} 2 & 2 & 1 \\ 4 & -2 & 3 \\ -1 & 2 & 1 \end{pmatrix}$ e) $A = \frac{1}{8}\begin{pmatrix} 1 & 0 & 1 \\ 3 & 2 & 2 \\ 4 & 3 & 1 \end{pmatrix}$ f) $A = \begin{pmatrix} 1 & 0 & 0 \\ 0 & 2 & 0 \\ 0 & 0 & -3 \end{pmatrix}$

2 Gegeben ist die Matrix A durch $A = \begin{pmatrix} -2 & 2 & 1 \\ -1 & 1 & 0 \\ 2 & -3 & -1 \end{pmatrix}$. Berechnen Sie:

a) $A^{-1}(A + 2E)$ b) $(A - E)^{-1}$

3 Bestimmen Sie k, x_{12}, x_{21} und x_{33} so, dass $B = k\begin{pmatrix} 7 & x_{12} & 4 \\ x_{21} & 2 & 3 \\ 3 & 3 & x_{33} \end{pmatrix}$ die inverse Matrix von $A = \begin{pmatrix} 1 & 0 & 2 \\ -1 & 2 & 1 \\ 0 & 3 & -2 \end{pmatrix}$ ist.

4 Gegeben ist die Matrix A^{-1} durch $A^{-1} = \frac{1}{4}\begin{pmatrix} 2 & 10 & -7 \\ 0 & 4 & -2 \\ 0 & -8 & 6 \end{pmatrix}$.

Bestimmen Sie a, b und c, so dass $A = \begin{pmatrix} 2 & -1 & c \\ a & 3 & 1 \\ 0 & b & 2 \end{pmatrix}$ ist.

5 Bestimmen Sie r und s so, dass gilt: $r \cdot B + s \cdot B^{-1} = 2\,E$ mit $B = \begin{pmatrix} 3 & -1 \\ 2 & 0 \end{pmatrix}$.

6 Gegeben sind die Vektoren $\vec{k} = (2\ \ 1\ \ 4)$, $\vec{p} = \begin{pmatrix} 5 \\ 2 \\ 1 \end{pmatrix}$ und die Matrix $A = \begin{pmatrix} 1 & 2 & 1 \\ 2 & 1 & 3 \\ 4 & 1 & 5 \end{pmatrix}$.

a) Zeigen Sie: $A^{-1} = \frac{1}{4}\begin{pmatrix} 2 & -9 & 5 \\ 2 & 1 & -1 \\ -2 & 7 & -3 \end{pmatrix}$.

b) Berechnen Sie $\vec{k}\cdot\vec{p}$; $\vec{k}\cdot A^{-1}\cdot\vec{p}$; $3A^{-1}\cdot\begin{pmatrix} 2t \\ 0 \\ t \end{pmatrix}$ und $4(t\ \ 1\ \ -1)\cdot A^{-1}$.

7 Untersuchen Sie, ob die Matrix A eine Inverse besitzt. Wenn ja, bestimmen Sie diese.

a) $A = \begin{pmatrix} 1 & 2 & 1 \\ 0 & 3 & 0 \\ 0 & 0 & 5 \end{pmatrix}$ b) $A = \begin{pmatrix} 1 & 2 & 1 \\ 0 & 0 & 4 \\ 0 & 0 & 5 \end{pmatrix}$ c) $A = \begin{pmatrix} 0 & 1 & 4 \\ 0 & -4 & -3 \\ 0 & -5 & 5 \end{pmatrix}$ d) $A = \begin{pmatrix} 6 & 1 \\ -2 & 3 \\ -3 & 4 \end{pmatrix}$

8 Ordnet man jedem Buchstaben in der Reihenfolge des Alphabets die Zahlen 1 bis 26 zu, so lassen sich Wörter mithilfe der Matrix $A = \begin{pmatrix} 1 & 1 \\ 3 & 2 \end{pmatrix}$ verschlüsseln (vgl S. 42). Ein Wort aus 9 Buchstaben wird durch diese Verschlüsselungsprozedur dargestellt als $\begin{pmatrix} 17 & 23 & 39 & 27 & 6 \\ 49 & 51 & 97 & 75 & 17 \end{pmatrix}$. 17 ist ein willkürlicher Füllwert. Nennen Sie dieses Wort.

3 Matrizengleichungen

3.1 Einführung

Beispiel

Gegeben ist die Matrix A durch $A = \begin{pmatrix} 2 & 2 \\ 3 & 4 \end{pmatrix}$.

a) Zeigen Sie: $A^{-1} = \begin{pmatrix} 2 & -1 \\ -1{,}5 & 1 \end{pmatrix}$ ist die Inverse von A.

b) Lösen Sie das LGS $2x_1 + 2x_2 = 2 \wedge 3x_1 + 4x_2 = 1$.

Lösung

a) Zu prüfen: $A \cdot A^{-1} = E$

$$\begin{pmatrix} 2 & 2 \\ 3 & 4 \end{pmatrix} \cdot \begin{pmatrix} 2 & -1 \\ -1{,}5 & 1 \end{pmatrix} = \begin{pmatrix} 1 & 0 \\ 0 & 1 \end{pmatrix} = E$$

b) Gauß-Verfahren

$$\left(\begin{array}{cc|c} 2 & 2 & 2 \\ 3 & 4 & 1 \end{array}\right) \sim \left(\begin{array}{cc|c} 2 & 2 & 2 \\ 0 & 2 & -4 \end{array}\right) \sim \left(\begin{array}{cc|c} 2 & 2 & 2 \\ 0 & 1 & -2 \end{array}\right)$$

Lösung: $x_1 = 3$; $x_2 = -2$

Alternative:

$A\vec{x} = \begin{pmatrix} 2 \\ 1 \end{pmatrix} \quad | \cdot A^{-1}$ von links

$$A^{-1} \cdot A\vec{x} = A^{-1} \cdot \begin{pmatrix} 2 \\ 1 \end{pmatrix}$$

$$E\vec{x} = \vec{x} = \begin{pmatrix} 2 & -1 \\ -1{,}5 & 1 \end{pmatrix} \cdot \begin{pmatrix} 2 \\ 1 \end{pmatrix} = \begin{pmatrix} 3 \\ -2 \end{pmatrix}$$

Beispiel

In einem Produktionsprozess werden aus Rohstoffen Zwischenprodukte und aus diesen Endprodukte gefertigt. Der Produktionsprozess wird beschrieben durch die Matrizen A, B und C. Es gilt der Zusammenhang $A \cdot B = C$.

Bestimmen Sie die Matrix B, wenn die Matrizen $A = \begin{pmatrix} 2 & 3 \\ 2 & 4 \end{pmatrix}$ und $C = \begin{pmatrix} 14 & 13 \\ 18 & 16 \end{pmatrix}$ bekannt sind.

Lösung

Es gilt: $A \cdot B = C$

Durch Multiplikation mit A^{-1} ergibt sich: $A \cdot B = C \quad | \cdot A^{-1}$ von links

$$A^{-1} \cdot A \cdot B = A^{-1} \cdot C$$

Mit $A^{-1} \cdot A = E$: $E \cdot B = A^{-1} \cdot C$

$$B = A^{-1} \cdot C$$

Berechnung von A^{-1}: $\left(\begin{array}{cc|cc} 2 & 3 & 1 & 0 \\ 2 & 4 & 0 & 1 \end{array}\right) \sim \left(\begin{array}{cc|cc} 2 & 3 & 1 & 0 \\ 0 & 1 & -1 & 1 \end{array}\right) \sim \left(\begin{array}{cc|cc} 2 & 0 & 4 & -3 \\ 0 & 1 & -1 & 1 \end{array}\right) \sim \left(\begin{array}{cc|cc} 1 & 0 & 2 & -1{,}5 \\ 0 & 1 & -1 & 1 \end{array}\right)$

Mit $A^{-1} = \begin{pmatrix} 2 & -1{,}5 \\ -1 & 1 \end{pmatrix}$ ergibt sich $B = A^{-1} \cdot C = \begin{pmatrix} 1 & 2 \\ 4 & 3 \end{pmatrix}$.

3.2 Auflösung von Matrizengleichungen

In den folgenden Beispielen sind Matrizengleichungen mit den Matrizen A, B, C, ... gegeben.
Gesucht ist die Matrix X.
Die bei der Umformung auftretenden Matrizen sind invertierbar.

Beispiel

➲ Gegeben sind die invertierbaren Matrizen A und B.
Lösen Sie folgende Matrizengleichungen nach X auf.

a) $AX = B$

b) $XA = B$

Lösung

a) Beide Seiten mit A^{-1} multiplizieren: $AX = B \quad | \cdot A^{-1}$ von links

Mit $\mathbf{A^{-1}A = E}$: $A^{-1}AX = A^{-1}B$

und $\mathbf{EX = X}$: $EX = A^{-1}B$

Gesuchte Matrix: $X = A^{-1}B$

Hinweis: Die Multiplikation von rechts
führt auf: $AX = B \quad | \cdot A^{-1}$ von rechts

$AXA^{-1} = BA^{-1}$

Die Umformung führt nicht auf $E \cdot X$ bzw. X, ist also nicht sinnvoll.

b) Beide Seiten mit A^{-1} multiplizieren: $XA = B \quad | \cdot A^{-1}$ von rechts

Mit $\mathbf{AA^{-1} = E}$: $XAA^{-1} = BA^{-1}$

und $\mathbf{XE = X}$: $XE = BA^{-1}$

Gesuchte Matrix: $X = BA^{-1}$

Hinweis: Die Multiplikation von links
führt auf: $XA = B \quad | \cdot A^{-1}$ von links

$A^{-1}XA = A^{-1}B$

Die Umformung führt nicht auf $X \cdot E$ bzw. X, ist also nicht sinnvoll.

Beachten Sie:

Die Gleichungen $AX = B$ bzw. $XA = B$
haben im Allgemeinen **verschiedene Lösungen**.

4 Bohner, Ott, Deusch - ISBN 978-3-8120-0639-2

Beispiel

➲ Lösen Sie die Matrizengleichung nach X auf: $AX = BX + A$

Lösung

Sortieren:	$AX = BX + A$	$\mid -BX$
	$AX - BX = A$	
Ausklammern von X nach rechts: (Reihenfolge beachten)	$(A - B)X = A$	
Multiplizieren mit der Inversen von links:	$(A - B)X = A$	$\mid \cdot (A - B)^{-1}$
	$(A - B)^{-1}(A - B)X = (A - B)^{-1}A$	
Mit $(A - B)^{-1}(A - B) = E$:	$EX = (A - B)^{-1}A$	
Gleichung formal nach X aufgelöst:	$X = (A - B)^{-1}A$	

Hinweis: Umformung einer Matrizengleichung durch Multiplikation mit einer Matrix bedeutet, beide Seiten von links bzw. beide Seiten von rechts mit dieser Matrix zu multiplizieren.

Beispiel

➲ Lösen Sie die Matrizengleichung nach X auf: $XA - B = 2(X - E)$.

Lösung

Ausmultiplizieren:	$XA - B = 2X - 2E$	$\mid +B$
Sortieren:	$XA = 2X - 2E + B$	$\mid -2X$
	$XA - 2X = B - 2E$	
Mit $X = EX$ erhält man:	$XA - 2EX = B - 2E$	
Ausklammern von X nach links: (Reihenfolge beachten)	$X(A - 2E) = B - 2E$	
Multiplizieren mit der Inversen von $(A - 2E)$ von rechts:	$X(A - 2E) = B - 2E$	$\mid \cdot (A - 2E)^{-1}$ v. r.
	$X(A - 2E)(A - 2E)^{-1} = (B - 2E)(A - 2E)^{-1}$	
Mit $(A - 2E) \cdot (A - 2E)^{-1} = E$:	$XE = (B - 2E)(A - 2E)^{-1}$	
Gleichung formal nach X aufgelöst:	$X = (B - 2E)(A - 2E)^{-1}$	

Hinweis: $A - 2$ ist nicht definiert.
$A - 2E$ ist definiert (A sei eine quadratische Matrix).

Beispiel

➲ Gegeben ist die Matrix $A = \begin{pmatrix} 1 & 2 \\ 4 & 3 \end{pmatrix}$.

Lösen Sie die Matrizengleichung nach X auf: $XA = E + X$.

Berechnen Sie die Matrix X.

Lösung

Matrizengleichung:	$XA = E + X$	$\mid -X$
Sortieren:	$XA - X = E$	
Ausklammern:	$X(A - E) = E$	
Multiplizieren mit der Inversen:	$X(A - E) = E$	$\mid \cdot (A - E)^{-1}$ v. r.
Auflösen nach X:	$X = E \cdot (A - E)^{-1}$	
	$X = (A - E)^{-1}$	

Mit $(A - E) = \begin{pmatrix} 1 & 2 \\ 4 & 3 \end{pmatrix} - \begin{pmatrix} 1 & 0 \\ 0 & 1 \end{pmatrix} = \begin{pmatrix} 0 & 2 \\ 4 & 2 \end{pmatrix}$

ist die Inverse von $\begin{pmatrix} 0 & 2 \\ 4 & 2 \end{pmatrix}$ zu berechnen:

$$\left(\begin{array}{cc|cc} 0 & 2 & 1 & 0 \\ 4 & 2 & 0 & 1 \end{array}\right) \sim \left(\begin{array}{cc|cc} 4 & 2 & 0 & 1 \\ 0 & 2 & 1 & 0 \end{array}\right) \text{ Zeilentausch}$$

$$\left(\begin{array}{cc|cc} 4 & 0 & -1 & 1 \\ 0 & 2 & 1 & 0 \end{array}\right) \sim \left(\begin{array}{cc|cc} 1 & 0 & -0{,}25 & 0{,}25 \\ 0 & 1 & 0{,}5 & 0 \end{array}\right)$$

Ergebnis: $X = \frac{1}{4}\begin{pmatrix} -1 & 1 \\ 2 & 0 \end{pmatrix}$

Beachten Sie beim Ausklammern:

$AX + BX = (A + B)X$	Reihenfolge der Faktoren beachten
$XA - BX$	Kein Ausklammern möglich
$XA - 3X = X(A - 3E)$	$3X = 3XE$
$AX - X = (A - E)X$	$X = EX = XE$
$A^2 + A = A(A + E)$	$A^2 = A \cdot A$

Aufgaben

1 Lösen Sie die Matrizengleichung formal nach X auf.

a) $XB = C$ b) $AX + B = C$ c) $(E - A)X = Y$

d) $AX - A = X$ e) $XA = E + A$ f) $AX - A = A^2 - X$

g) $(E - 3X)A = XA$ h) $A(E + X) = 4X$ i) $A + BX = AX - B$

2 Zeigen Sie: $X = (A + E)^{-1} \cdot (A - 2E)$ ist Lösung der Matrizengleichung $AX + 2E = A - X$.

3 Bestätigen Sie: $X = (E - A)^{-1} \cdot Y$ ist Lösung der Matrizengleichung $AX + Y = X$.

4 Gegeben sind die Matrizen $A = \begin{pmatrix} 1 & 1 & -1 \\ 0 & 2 & 3 \\ 2 & 1 & 1 \end{pmatrix}$ und $C = 9\begin{pmatrix} 2 & 4 & -1 \\ 1 & 1 & -1 \\ 3 & 2 & 0 \end{pmatrix}$.

Berechnen Sie X, sodass $A\,X = C$ ist.

5 Gegeben sind die Matrizen $A = \begin{pmatrix} 1 & -1 \\ 2 & 3 \end{pmatrix}$ und $B = \begin{pmatrix} 0 & 4 \\ 1 & 1 \end{pmatrix}$.

Lösen Sie die Matrizengleichung $A\,X = B - 3\,A\,X$ und berechnen Sie X.

6 Gegeben sind die Matrizen $A = \begin{pmatrix} 1 & 0 & -1 \\ 2 & 1 & 2 \\ -3 & 2 & 0 \end{pmatrix}$ und $B = \begin{pmatrix} 0 & 2 & 0 \\ 1 & -2 & 0 \\ 0 & 0 & 3 \end{pmatrix}$.

Bestätigen Sie: $X = A^{-1}B - E$ ist Lösung der Matrizengleichung $A\,X + A = B$.
Berechnen Sie X.

7 Lösen Sie die Matrizengleichung $(A - E)\vec{x} = \vec{o}$. Dabei ist $A = \begin{pmatrix} 0{,}5 & 0{,}6 \\ 0{,}5 & 0{,}4 \end{pmatrix}$ und E ist die zugehörige Einheitsmatrix.

8 A, B und X sind 2×2-Matrizen. Bei welchen der folgenden Terme kann X ausgeklammert werden?

(1) $A \cdot X + B \cdot X$

(2) $A \cdot X + 2 \cdot X$

(3) $A \cdot X + X \cdot B$

In manchen Fällen kann man die Gleichung $X - A \cdot X = B$ nicht nach X umstellen.
Geben Sie dafür eine mögliche Matrix A an.

9 Gegeben sind die Matrizen $M = \begin{pmatrix} 2 & 1 \\ 5 & 3 \end{pmatrix}$ und $N = \begin{pmatrix} 9 & 4 \\ 3 & 2 \end{pmatrix}$.

Lösen Sie die Matrizengleichung $M \cdot X = N + X$ nach X auf und berechnen Sie die Matrix X.

10 Gegeben sind die Matrizen A, B, C und D. Die Matrix A hat das Format (4; 2) und die Matrix D das Format (4;3). Welche Formate müssen die Matrizen B und C haben, wenn folgende Gleichung sinnvoll sein soll: $(A - B) \cdot C = D$?
Erklären Sie jeweils Ihre Entscheidung.

11 Alle Matrizen der folgenden Gleichung sind quadratische Matrizen gleichen Formats.
E ist die Einheitsmatrix.

$M \cdot (E - 2 \cdot X) = 3 \cdot E - N \cdot X$

Bestimmen Sie die Lösung X der Matrizengleichung.
Welche Voraussetzung muss bei der Lösung erfüllt sein?

Test zur Überprüfung Ihrer Grundkenntnisse

1 Berechnen Sie.

a) $(0{,}5 \quad 2 \quad 4)\begin{pmatrix} 1 & 2 & 4 \\ 5 & 0 & -4 \\ -1 & 1 & 3 \end{pmatrix}$

b) $\begin{pmatrix} 1 & 2 & 4 \\ 5 & 0 & -4 \\ -1 & 1 & 3 \end{pmatrix}\begin{pmatrix} -5 \\ -1 \\ 1 \end{pmatrix}$

c) $\begin{pmatrix} 1{,}5 & 2 \\ -1 & 2 \end{pmatrix}^2$

d) $\begin{pmatrix} 2 & 0 \\ 1 & 1 \end{pmatrix}^3$

2 Berechnen Sie: $\begin{pmatrix} 8 & 4 \\ 4 & 2 \end{pmatrix} \cdot \begin{pmatrix} 2 & -3 \\ -4 & 6 \end{pmatrix}$. Vergleichen Sie mit dem Produkt zweier Zahlen.

3 Multiplizieren Sie aus und berechnen Sie x_1, x_2 und x_3.

$$\begin{pmatrix} 1 & 3 & 4 \\ 0 & 3 & 6 \\ 5 & 12 & 18 \end{pmatrix}\begin{pmatrix} x_1 \\ x_2 \\ x_3 \end{pmatrix} = \begin{pmatrix} 8 \\ 9 \\ 39 \end{pmatrix}$$

4 Berechnen Sie die Inverse von A.

a) $A = \begin{pmatrix} 3 & 4 \\ -1 & 2 \end{pmatrix}$

b) $A = \begin{pmatrix} 1 & 2 & 0 \\ 0 & 2 & 1 \\ 1 & 2 & 1 \end{pmatrix}$

5 Lösen Sie die Matrizengleichung formal nach X auf.

a) $XB + B = C$

b) $AX - BX = C$

c) $AX - X = X + E$

E ist hierbei die zugehörige Einheitsmatrix.

6 Gegeben ist die Matrix $A = \begin{pmatrix} 1 & 2 \\ -1 & 1 \end{pmatrix}$.

Berechnen Sie X aus $AX - X = A$.

7 Die Verschlüsselung eines Wortes mit der Verschlüsselungsmatrix $\begin{pmatrix} 1 & 0 \\ 7 & -3 \end{pmatrix}$ ergibt die Matrix $\begin{pmatrix} 1 & 9 & 21 \\ 1 & 3 & 93 \end{pmatrix}$.

Welches Wort wurde verschlüsselt?

8 Betrachtet werden die Matrizen A und B mit $A = \begin{pmatrix} 5 & 2 \\ 3 & 1 \end{pmatrix}$ und $B = \begin{pmatrix} -1 & 2 \\ 3 & -5 \end{pmatrix}$ sowie eine Matrix C.

a) Zeigen Sie, dass B die zu A inverse Matrix ist.

b) Für die Matrix C gilt: $C \cdot \begin{pmatrix} 1 \\ 0 \end{pmatrix} = \begin{pmatrix} 4 \\ 2 \end{pmatrix}$ und $C \cdot \begin{pmatrix} 0 \\ 1 \end{pmatrix} = \begin{pmatrix} 2 \\ 3 \end{pmatrix}$.

Begründen Sie, dass gilt: $C \cdot \begin{pmatrix} 1 \\ 1 \end{pmatrix} = \begin{pmatrix} 6 \\ 5 \end{pmatrix}$.

III Ein- und zweistufige Produktionsprozesse

Modellierung einer Situation

Die Weber Metallbau GmbH produziert aus den Bauteilen R_1 und R_2 die Baugruppen Z_1, Z_2 und Z_3. Aus diesen werden die Fassadenelemente E_1, E_2 und E_3 hergestellt.

Der Materialfluss in Mengeneinheiten (ME) ist den Tabellen zu entnehmen.

	Z_1	Z_2	Z_3
R_1	2		1
R_2	0		4

	E_1	E_2	E_3
Z_1	1	1	4
Z_2	3	2	3
Z_3	1	2	2

	E_1	E_2	E_3
R_1	12	10	19
R_2	10	12	14

Eine ME von R_1 kostet 1 Geldeinheit (GE), eine ME von R_2 kostet 3 GE.
Die Fertigungskosten für eine ME von Z_1 betragen 3 GE, für eine ME von Z_2 4 GE und für eine ME Z_3 2 GE.
Die Fertigungskosten für eine ME von E_1 betragen 4 GE, für eine ME von E_2 2 GE und für eine ME von E_3 3 GE.

Das Unternehmen erhält einen Auftrag über 35 ME von E_1, 27 ME von E_2 und 34 ME von E_3. Der Auftraggeber bietet 7200 € für diesen Auftrag. Ein Lieferant bietet 150 ME von Z_1, 200 ME von Z_2 und 100 ME von Z_3 für insgesamt 4800 GE an.

Soll die Weber Metallbau den Auftrag bzw. das Angebot annehmen?

Bearbeiten Sie diese Situation nach Abschluss des Kapitels „Ein- und zweistufige Produktionsprozesse", in dem Sie die rechts aufgeführten **Qualifikationen** und **Kompetenzen** erworben haben.

Qualifikationen & Kompetenzen

- Produktionsmengen, Rohstoff- und Herstellungskosten ermitteln
- Gewinne berechnen
- Lösungsstrategien entwickeln und vergleichen
- Wirtschaftliche Situationen mathematisch beschreiben

1 Einführung

Einstufige Produktionsprozesse

Zur Beschreibung einstufiger Prozesse durch Matrizen ist lediglich nur eine Matrix nötig. Dabei beschreibt diese Matrix A den Prozess eines Ausgangsprodukts zu dessen Endprodukt:

$$\text{Ausgangsprodukt} \xrightarrow{\text{Prozess (A)}} \text{Endprodukt.}$$

Diese Matrix A wird häufig auch als Prozess- oder Bedarfsmatrix bezeichnet.

Beispiel

➲ Ein Betrieb fertigt drei verschiedene Endprodukte E_1, E_2 und E_3 unter Verwendung von drei verschiedenen Rohstoffen R_1, R_2 und R_3. Das folgende Verflechtungsdiagramm gibt an, wie viele Mengeneinheiten (ME) Rohstoffe für die Produktion von jeweils 1 ME Endprodukten benötigt werden.

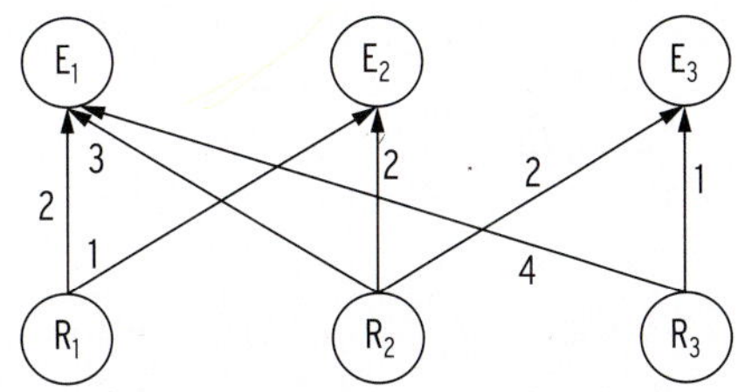

Die Verkaufspreise für die drei Endprodukte in € je ME sind gegeben durch $\vec{p} = (100 \quad 60 \quad 50)$.

a) Für einen Auftrag sind je 100 ME von E_1, E_2, und E_3 zu liefern. Berechnen Sie
- den Gesamterlös in €
- die benötigten Rohstoffmengen in ME.

b) Für einen weiteren Auftrag werden von R_1 340 ME, von R_2 860 ME und von R_3 630 ME verarbeitet. Wieviele ME von E_1, E_2, und E_3 werden damit gefertigt?

Lösung

a) Gesamterlös in € (Preis mal Menge): $(100 \quad 60 \quad 50) \cdot \begin{pmatrix} 100 \\ 100 \\ 100 \end{pmatrix} = 21\,000$

Benötigte Rohstoffmengen in ME

Rohstoff-Endprodukt-Tabelle

	E_1	E_2	E_3
R_1	2	1	0
R_2	3	2	2
R_3	4	0	1

Rohstoff-Endprodukt-Matrix:

$$C = C_{RE} = \begin{pmatrix} 2 & 1 & 0 \\ 3 & 2 & 2 \\ 4 & 0 & 1 \end{pmatrix}$$

Erläuterung: Für die Produktion von
- **je einer ME E_1** braucht man 2 ME R_1, 3 ME R_2 und 4 ME R_3 (1. Spalte)
- **je einer ME E_2** braucht man 1 ME R_1, 2 ME R_2 und 0 ME R_3 (2. Spalte)
- **je einer ME E_3** braucht man 0 ME R_1, 2 ME R_2 und 1 ME R_3 (3. Spalte).

Multipliziert man die (R,P)-Matrix mit dem Produktionsvektor $\begin{pmatrix}100\\100\\100\end{pmatrix}$, so erhält man

$\begin{pmatrix}2&1&0\\3&2&2\\4&0&1\end{pmatrix}\cdot\begin{pmatrix}100\\100\\100\end{pmatrix}=\begin{pmatrix}300\\700\\500\end{pmatrix}$.

Für diesen Auftrag braucht man 300 ME R_1, 700 ME R_2 und 500 ME R_3.

Erläuterung: Für die Produktion von **je einer ME E_1** braucht man 2 ME R_1, für 100 ME E_1 braucht man $2\cdot 100$ ME R_1.

Für die Produktion von **je einer ME E_2** braucht man 1 ME R_1, für 100 ME E_2 braucht man $1\cdot 100$ ME R_1.

Für die Produktion von **je einer ME E_3** braucht man 0 ME R_1, für 100 ME E_2 braucht man 0 ME R_1.

Gesamtverbrauch von R_1: $(2\ \ 1\ \ 0)\cdot\begin{pmatrix}100\\100\\100\end{pmatrix}=200+100+0=300$

b) **Umfang des weiteren Auftrags**

Es gilt die Beziehung $C\cdot\vec{x}=\vec{r}$

Einsetzen ergibt ein LGS für die Produktion x_1, x_2 und x_3: $\begin{pmatrix}2&1&0\\3&2&2\\4&0&1\end{pmatrix}\cdot\begin{pmatrix}x_1\\x_2\\x_3\end{pmatrix}=\begin{pmatrix}340\\860\\630\end{pmatrix}$

Lösung des Gleichungssystems mit dem Gauß-Verfahren:

$$\left(\begin{array}{ccc|c}2&1&0&340\\3&2&2&860\\4&0&1&630\end{array}\right)\sim\left(\begin{array}{ccc|c}2&1&0&340\\0&1&4&700\\0&-2&1&-50\end{array}\right)\sim\left(\begin{array}{ccc|c}2&1&0&340\\0&1&4&700\\0&0&9&1350\end{array}\right)$$

Das LGS ist eindeutig lösbar mit $x_1=120$, $x_2=100$ und $x_3=150$.

Mit den vorrätigen Rohstoffen lassen sich 120 ME P_1, 100 ME P_2 und 150 ME P_3 herstellen.

Aufgaben

1 Ein Betrieb fertigt drei verschiedene Endprodukte E_1, E_2 und E_3 unter Verwendung von drei verschiedenen Rohstoffen R_1, R_2 und R_3. Die nebenstehende Tabelle gibt an, wie viele Mengeneinheiten (ME) Rohstoffe für die Produktion von jeweils 1 ME Endprodukten benötigt werden.

	E_1	E_2	E_3
R_1	2	1	2
R_2	1	1	2
R_3	3	1	1

Die Verkaufspreise für die drei Endprodukte in € je ME sind gegeben durch $\vec{p}=(30\ \ 50\ \ 25)$.

a) Für einen Auftrag sind je 100 ME von E_1, 60 ME von E_2 und 40 ME von E_3 zu liefern. Berechnen Sie den Gesamterlös in € und die benötigten Rohstoffmengen in ME.

b) Für einen weiteren Auftrag werden von R_1 250 ME, von R_2 200 ME und von R_3 250 ME verarbeitet. Wieviele ME von E_1, E_2 und E_3 werden damit gefertigt?

Zweistufige Produktionsprozesse

Zur Beschreibung zweistufiger Prozesse durch Matrizen ist für jede Produktionsstufe eine Matrix nötig. Dabei beschreibt die Matrix A den Prozess eines Ausgangsprodukts zu dessen Zwischenprodukt, die Matrix B den Prozess eines Zwischenprodukts zu dessen Endprodukt:

Rohstoffe — **Zwischenprodukte** — **Endprodukte**

R_i ⟶ (Produktionsstufe 1) Z_j ⟶ (Produktionsstufe 2) E_k

Die Matrizen A und B werden häufig auch als Verflechtungsmatrizen bezeichnet.

Beispiel

Ein Produktionsprozess, bei dem aus den Rohstoffen R_1 und R_2 die Zwischenprodukte Z_1und Z_2 und aus diesen die Endprodukte E_1 und E_2 gefertigt werden, wird beschrieben durch ein Verflechtungsdiagramm.

Wie viele Rohstoffe braucht man für einen Auftrag über 12 ME E_1 und 20 ME E_2?

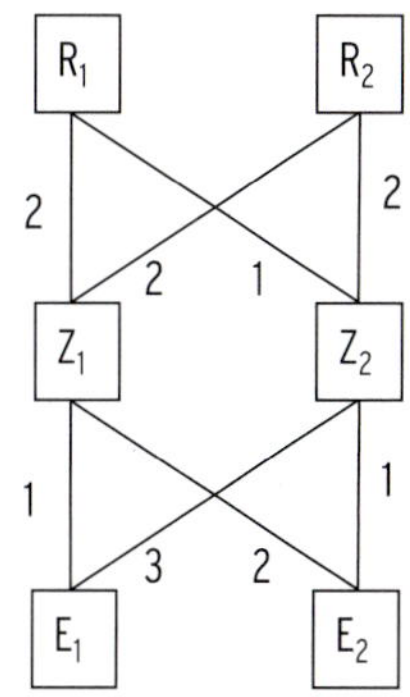

Lösung

Aus dem Diagramm:

Rohstoff-Zwischenprodukt-Matrix $A = A_{RZ} = \begin{pmatrix} 2 & 1 \\ 2 & 2 \end{pmatrix}$

	Z_1	Z_2
R_1	2	1
R_2	2	2

Für die Produktion von

- **je einer ME Z_1** braucht man 2 ME R_1 und 2 ME R_2 (1. Spalte)
- **je einer ME Z_2** braucht man 1 ME R_1 und 2 ME R_2 (2. Spalte)

Aus dem Diagramm:

Zwischenprodukt-Endprodukt-Matrix $B = B_{ZE} = \begin{pmatrix} 1 & 2 \\ 3 & 1 \end{pmatrix}$

	E_1	E_2
Z_1	1	2
Z_2	3	1

Für die Produktion von

- **je einer ME E_1** braucht man 1 ME Z_1 und 3 ME Z_2 (1. Spalte)
- **je einer ME E_2** braucht man 2 ME Z_1 und 1 ME Z_2 (2. Spalte)

Multiplikation von B_{ZE} mit dem Produktionsvektor $\vec{x} = \begin{pmatrix} 12 \\ 20 \end{pmatrix}$ ergibt:

$$B_{ZE} \cdot \vec{x} = \begin{pmatrix} 1 & 2 \\ 3 & 1 \end{pmatrix} \cdot \vec{x} = \begin{pmatrix} 1 & 2 \\ 3 & 1 \end{pmatrix} \cdot \begin{pmatrix} 12 \\ 20 \end{pmatrix} = \begin{pmatrix} 52 \\ 56 \end{pmatrix}$$

Für die Herstellung von 12 ME E_1 und 20 ME E_2 braucht man 52 ME Z_1 und 56 ME Z_2.

Multiplikation von A_{RZ} mit dem Zwischenproduktvektor $\vec{z} = \begin{pmatrix} 52 \\ 56 \end{pmatrix}$ ergibt:

$$A_{RZ} \cdot \vec{z} = \begin{pmatrix} 2 & 1 \\ 2 & 2 \end{pmatrix} \cdot \begin{pmatrix} 52 \\ 56 \end{pmatrix} = \begin{pmatrix} 160 \\ 216 \end{pmatrix}$$

Für die Herstellung von 12 ME E_1 und 20 ME E_2 braucht man 160 ME R_1 und 216 ME R_2.

2 Verflechtungsmatrizen

In einem zweistufigen Produktionsprozess werden z. B. aus zwei **Rohstoffen** R_1 und R_2 die **Zwischenprodukte** Z_1, Z_2 und Z_3 und daraus die **Endprodukte** E_1, E_2 und E_3 gefertigt.

Beispiel

➲ Die Herstellung von je 1 ME von Zwischenprodukt Z_1 erfordert 2 ME des Rohstoffs R_1 und 1 ME des Rohstoffs R_2. Die Produktion von je 1 ME von Zwischenprodukt Z_2 erfordert 3 ME des Rohstoffs R_1 und 2 ME von R_2. Für je 1 ME von Z_3 benötigt man 4 ME des Rohstoffs R_1 und 6 ME des Rohstoffs R_2. Für die Fertigstellung von je 1 ME des Endproduktes E_1 sind 2 ME von Zwischenprodukt Z_1, 1 ME von Z_2 und 5 ME von Z_3 erforderlich. Aus 1 ME Z_1, 0 ME Z_2 und 1 ME von Z_3 wird 1 ME von E_2 erzeugt. Für die Produktion von E_3 sind pro ME jeweils 1 ME Z_1, 2 ME Z_2 und 3 ME von Z_3 erforderlich.

a) Stellen Sie die zugehörigen Stücklisten und die Verflechtungsmatrizen auf.

b) Wie viel ME der Rohstoffe werden für je eine ME der Endprodukte benötigt?

Lösung

a) Darstellung der Verflechtung in **Diagrammen**.

Als **Fertigungsschema**

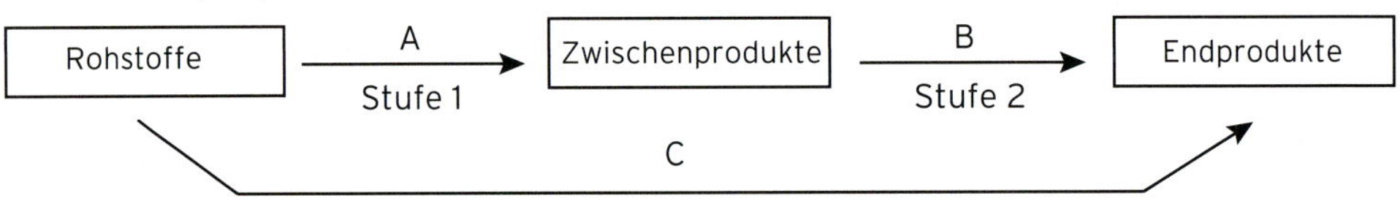

Als **Verflechtungsdiagramm**

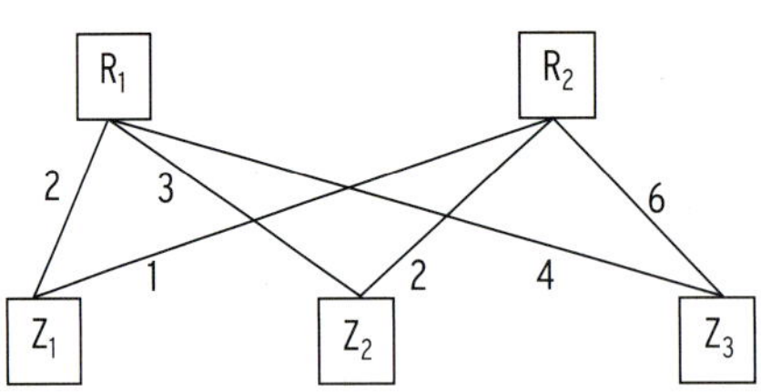

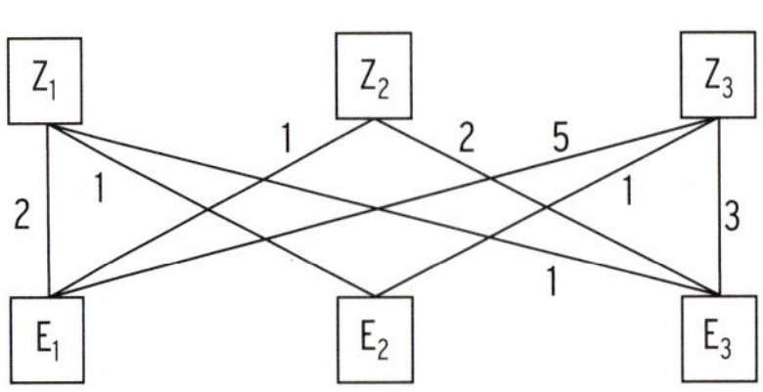

Als **Stückliste (Verflechtungstabelle):**

	Z_1	Z_2	Z_3
R_1	2	3	4
R_2	1	2	6

	E_1	E_2	E_3
Z_1	2	1	1
Z_2	1	0	2
Z_3	5	1	3

Aus den **Stücklisten** werden **Verflechtungsmatrizen** gebildet.

$A = \begin{pmatrix} 2 & 3 & 4 \\ 1 & 2 & 6 \end{pmatrix}$ $B = \begin{pmatrix} 2 & 1 & 1 \\ 1 & 0 & 2 \\ 5 & 1 & 3 \end{pmatrix}$

Rohstoff-Zwischenprodukt-Matrix **Zwischenprodukt-Endprodukt-Matrix**

$\mathbf{A = A_{RZ}}$ $\mathbf{B = B_{ZE}}$

Beachten Sie:

Die Matrix **A** enthält den **Rohstoffeinsatz** für die **Zwischenprodukte,** die Matrix **B** enthält den **Zwischenprodukteinsatz** für die **Endprodukte.**

b) Berechnung der **Rohstoff-Endprodukt-Matrix C**

Für die Produktion von je einer ME E_1 braucht man

2 ME Z_1; für je 1 ME Z_1 braucht man 2 ME R_1, also insgesamt	4 ME R_1
und 1 ME Z_2; für je 1 ME Z_2 braucht man 3 ME R_1, also insgesamt	3 ME R_1
und 5 ME Z_3; für je 1 ME Z_3 braucht man 4 ME R_1, also insgesamt	20 ME R_1.
Für die Produktion von **je einer ME E_1** braucht man insgesamt	27 ME R_1.

Für die Produktion von je einer ME E_1 braucht man

2 ME Z_1; für je 1 ME Z_1 braucht man 1 ME R_2, also insgesamt	2 ME R_2
und 1 ME Z_2; für je 1 ME Z_2 braucht man 2 ME R_2, also insgesamt	2 ME R_2
und 5 ME Z_3; für je 1 ME Z_3 braucht man 6 ME R_2, also insgesamt	30 ME R_2.
Für die Produktion von **je einer ME E_1** braucht man insgesamt	34 ME R_2.

Multiplikation der **Rohstoff-Zwischenprodukt-Matrix** A mit der 1. Spalte der **Zwischenprodukt-Endprodukt-Matrix** B ergibt:

$$\begin{pmatrix} 2 & 3 & 4 \\ 1 & 2 & 6 \end{pmatrix} \cdot \begin{pmatrix} 2 \\ 1 \\ 5 \end{pmatrix} = \begin{pmatrix} 27 \\ 34 \end{pmatrix}$$

Zur Herstellung je 1 ME des Endproduktes E_1 braucht man 27 ME von Rohstoff R_1 und 34 ME von R_2.

Multiplikation der **Rohstoff-Zwischenprodukt-Matrix** A mit der **Zwischenprodukt-Endprodukt-Matrix B** ergibt:

$$\begin{pmatrix} 2 & 3 & 4 \\ 1 & 2 & 6 \end{pmatrix} \cdot \begin{pmatrix} 2 & 1 & 1 \\ 1 & 0 & 2 \\ 5 & 1 & 3 \end{pmatrix} = \begin{pmatrix} 27 & 6 & 20 \\ 34 & 7 & 23 \end{pmatrix}$$

Rohstoff-Endprodukt-Matrix C

A · B = C

Zur Herstellung je 1 ME
des Endproduktes E_2 braucht man 6 ME von Rohstoff R_1 und 7 ME von R_2,
des Endproduktes E_3 braucht man 20 ME von Rohstoff R_1 und 23 ME von R_2.

Beachten Sie

Die Matrix C enthält den **Rohstoffeinsatz** für die **Endprodukte.**

Beispiel

Ein Unternehmen fertigt aus den Baugruppen B_1, B_2 und B_3 drei Typen von Geräten G_1, G_2 und G_3. Für die Herstellung dieser Baugruppen werden die Bauteile T_1, T_2 und T_3 benötigt. Die Matrix A beschreibt den Bedarf an Bauteilen für die Baugruppen, die Matrix C beschreibt den Bedarf an Bauteilen für die Gerätetypen.

$A = \begin{pmatrix} 4 & 2 & 2 \\ 3 & 3 & 2 \\ 1 & 4 & 3 \end{pmatrix}$; $C = \begin{pmatrix} 12 & 18 & 20 \\ 13 & 17 & 21 \\ 15 & 18 & 23 \end{pmatrix}$

Zeigen Sie: Die Matrix, die den Bedarf an Baugruppen für die verschiedenen Geräte angibt, ist $B = \begin{pmatrix} 1 & 2 & 2 \\ 2 & 1 & 3 \\ 2 & 4 & 3 \end{pmatrix}$.

Lösung

Fertigungsschema

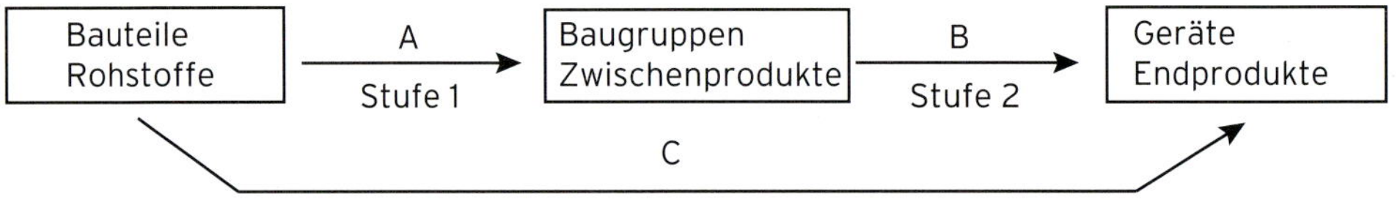

Gegeben: $A = A_{RZ}$; $C = C_{RE}$

Gesucht ist die Matrix $B = B_{ZE}$.

Zusammenhang: $A \cdot B = C$

Multiplikation ergibt

$$\begin{pmatrix} 4 & 2 & 2 \\ 3 & 3 & 2 \\ 1 & 4 & 3 \end{pmatrix} \cdot \begin{pmatrix} 1 & 2 & 2 \\ 2 & 1 & 3 \\ 2 & 4 & 3 \end{pmatrix} = \begin{pmatrix} 12 & 18 & 20 \\ 13 & 17 & 21 \\ 15 & 18 & 23 \end{pmatrix}$$

Damit ist gezeigt: $B = \begin{pmatrix} 1 & 2 & 2 \\ 2 & 1 & 3 \\ 2 & 4 & 3 \end{pmatrix}$

Verflechtungsdiagramm:

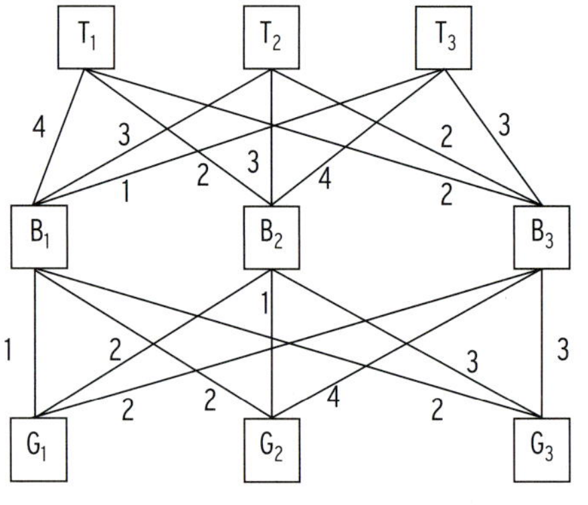

Hinweise:

1) B lässt sich aus $A \cdot B = C$ berechnen:
   $B = A^{-1} \cdot C$
   (sofern die Inverse von A existiert).

2) **Bedeutung** des Elements $b_{32} = 4$ der Baugruppen-Geräte-Matrix $B = \begin{pmatrix} 1 & 2 & 2 \\ 2 & 1 & 3 \\ 2 & 4 & 3 \end{pmatrix}$:
   Zur Herstellung **eines Geräts vom Typ G_2** benötigt man 4 Baugruppen B_3.

3) B ist die Matrix, die den Bedarf an Baugruppen für die verschiedenen Geräte angibt. Für **ein** Gerät, z. B. G_2, benötigt man zwei Baugruppen B_1, eine Baugruppe B_2 und vier Baugruppen B_3.

Beispiel

➲ Ein Betrieb produziert aus den Rohstoffen R_1 und R_2 die Zwischenprodukte Z_1, Z_2 und Z_3 und daraus die Endprodukte E_1, E_2 und E_3. Der Materialfluss in Mengeneinheiten (ME) ist dem Diagramm und der Tabelle zu entnehmen.

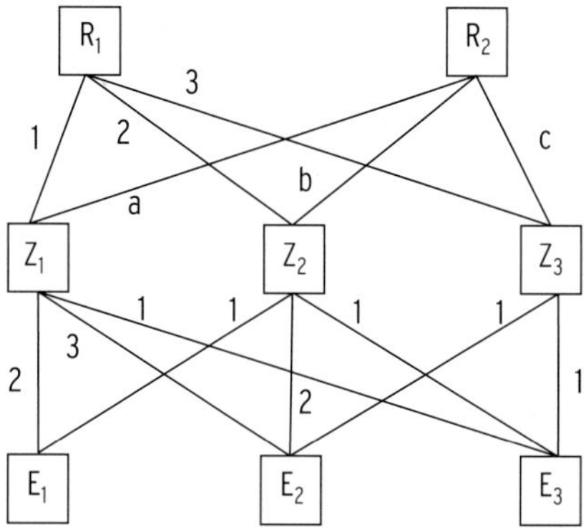

	E_1	E_2	E_3
R_1	...	...	...
R_2	3	8	5

Bestimmen Sie die Rohstoff-Endprodukt-Matrix.
Geben Sie den Verbrauch an Rohstoffen R_2 für je eine ME der Zwischenprodukte an, wenn a, b und c natürliche Zahlen ungleich null sind.

Lösung

Aus dem Diagramm liest man ab:

Rohstoff-Zwischenprodukt-Matrix: $A = A_{RZ} = \begin{pmatrix} 1 & 2 & 3 \\ a & b & c \end{pmatrix}$

Zwischenprodukt-Endprodukt-Matrix: $B = B_{ZE} = \begin{pmatrix} 2 & 3 & 1 \\ 1 & 2 & 1 \\ 0 & 1 & 1 \end{pmatrix}$

Berechnung von $A \cdot B = C$: $C = \begin{pmatrix} 1 & 2 & 3 \\ a & b & c \end{pmatrix} \cdot \begin{pmatrix} 2 & 3 & 1 \\ 1 & 2 & 1 \\ 0 & 1 & 1 \end{pmatrix}$

$$C = \begin{pmatrix} 4 & 10 & 6 \\ 2a + b & 3a + 2b + c & a + b + c \end{pmatrix}$$

Rohstoff-Endprodukt-Matrix: $C = \begin{pmatrix} 4 & 10 & 6 \\ 3 & 8 & 5 \end{pmatrix}$

Durch den Vergleich von $A \cdot B$ mit $C = \begin{pmatrix} 4 & 10 & 6 \\ 3 & 8 & 5 \end{pmatrix}$ ergibt sich ein lineares Gleichungssystem für a, b und c:

$$\begin{pmatrix} 4 & 10 & 6 \\ 2a + b & 3a + 2b + c & a + b + c \end{pmatrix} = \begin{pmatrix} 4 & 10 & 6 \\ 3 & 8 & 5 \end{pmatrix}$$

$$\begin{aligned} a + b + c &= 5 \\ 3a + 2b + c &= 8 \\ 2a + b &= 3 \end{aligned}$$

Mit $a, b, c \in \mathbb{N}^*$ kann die Gleichung $2a + b = 3$ nur gelöst werden für $a = 1$ und $b = 1$.

Einsetzen von $a = b = 1$ in die Gleichungen $3a + 2b + c = 8$
und $a + b + c = 5$ ergibt $c = 3$.

Ergebnis: Für eine ME von Z_1 braucht man 1 ME R_2, für eine ME von Z_2 braucht man 1 ME R_2 und für eine ME von Z_3 braucht man 3 ME R_2.

Was man wissen sollte ... über einen zweistufigen Produktionsprozess

Darstellung eines zweistufigen Produktionsprozesses

- durch **Stücklisten**:

	Z_1	Z_2	Z_3
R_1			
R_2			

	E_1	E_2	E_3
Z_1			
Z_2			
Z_3			

	E_1	E_2	E_3
R_1			
R_2			

- durch **Verflechtungsmatrizen**:

$A = A_{RZ}$ Rohstoff-Zwischenprodukt-Matrix

$B = B_{ZE}$ Zwischenprodukt-Endprodukt-Matrix

$C = C_{RE}$ Rohstoff-Endprodukt-Matrix

- durch ein **Fertigungsschema**:

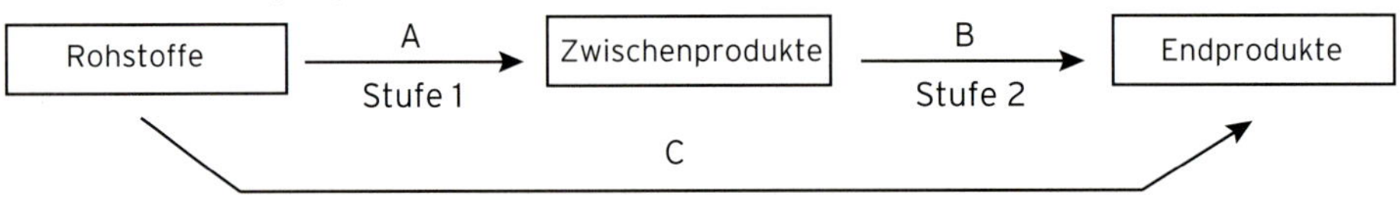

Beachten Sie

Die Matrix A beschreibt, wie viel ME der einzelnen Rohstoffe für je eine ME der Zwischenprodukte benötigt werden.
Die Matrix B beschreibt, wie viel ME der einzelnen Zwischenprodukte für je eine ME der Endprodukte benötigt werden.
Die Matrix C beschreibt, wie viel ME der einzelnen Rohstoffe für je eine ME der Endprodukte benötigt werden.

Bemerkung: Die **Zeilenzahl von B** muss mit der **Spaltenzahl von A** übereinstimmen.
Die **Zeilenzahl von C** muss mit der **Zeilenzahl von A** übereinstimmen.

Beachten Sie

Zwischen den Verflechtungsmatrizen gilt der Zusammenhang:

$$A \cdot B = C$$

Merkregel: $(RZ) \cdot (ZE) = (RE)$

Hinweis: Es wird unterstellt, dass die Rohstoffe **nur** über die Produktion der Zwischenprodukte in die Endprodukte eingehen.

Beispiel

➲ Ein Produktionsprozess, bei dem aus den Rohstoffen R_1 und R_2 die Zwischenprodukte Z_1 und Z_2 und aus diesen die Endprodukte E_1 und E_2 hergestellt werden, wird beschrieben durch die Matrizen $A = A_{RZ} = \begin{pmatrix} 2 & 4 \\ 1 & 3 \end{pmatrix}$ und $C = C_{RE} = \begin{pmatrix} 10 & 14 \\ 7 & 10 \end{pmatrix}$.
Wie viele ME der beiden Zwischenprodukte braucht man für je eine ME der Endprodukte?

Lösung

Die Matrix $B = B_{ZE}$ gibt an, wie viele Zwischenprodukte man für je eine ME der Endprodukte braucht.

Es gilt: $A \cdot B = C$

und daraus folgt für B: $B = A^{-1} \cdot C$

Berechnung der Inversen von A:

$$\left(\begin{array}{cc|cc} 2 & 4 & 1 & 0 \\ 1 & 3 & 0 & 1 \end{array}\right) \quad \cdot(-2)$$

$$\left(\begin{array}{cc|cc} 2 & 4 & 1 & 0 \\ 0 & -2 & 1 & -2 \end{array}\right) \quad \cdot 2$$

$$\left(\begin{array}{cc|cc} 2 & 0 & 3 & -4 \\ 0 & -2 & 1 & -2 \end{array}\right) \quad | \cdot(-1)$$

$$\left(\begin{array}{cc|cc} 2 & 0 & 3 & -4 \\ 0 & 2 & -1 & 2 \end{array}\right) \quad \begin{array}{l} | :2 \\ | :2 \end{array}$$

$$\left(\begin{array}{cc|cc} 1 & 0 & 1{,}5 & -2 \\ 0 & 1 & -0{,}5 & 1 \end{array}\right)$$

Gesuchte Matrix A^{-1}: $A^{-1} = \begin{pmatrix} 1{,}5 & -2 \\ -0{,}5 & 1 \end{pmatrix}$

daraus folgt für B: $B = A^{-1} \cdot C = \begin{pmatrix} 1{,}5 & -2 \\ -0{,}5 & 1 \end{pmatrix} \cdot \begin{pmatrix} 10 & 14 \\ 7 & 10 \end{pmatrix}$

$$B = \begin{pmatrix} 1 & 1 \\ 2 & 3 \end{pmatrix}$$

Ergebnis: Für 1 ME E_1 braucht man 1 ME Z_1 und 2 ME Z_2.
Für 1 ME E_2 braucht man 1 ME Z_1 und 3 ME Z_2.

Hinweis: Zwischen den Verflechtungsmatrizen $A = A_{RZ}$, $B = B_{ZE}$ und $C = C_{RE}$ gilt der Zusammenhang: $A \cdot B = C$.
Folgerungen für quadratische Matrizen (falls die Inversen existieren):
$A = C \cdot B^{-1}$ bzw. $B = A^{-1} \cdot C$.

Aufgaben

1 Ein Betrieb produziert in einem zweistufigen Produktionsprozess aus den Rohstoffen R_1, R_2 und R_3 die Zwischenprodukte Z_1, Z_2 und Z_3 und daraus die Endprodukte E_1, E_2 und E_3. Die Rohstoff-Zwischenprodukt-Matrix A und die Zwischenprodukt-Endprodukt-Matrix B sind wie folgt gegeben (alle Angaben in Mengeneinheiten (ME)):

$A = \begin{pmatrix} 1 & 2 & 3 \\ 2 & 3 & 4 \\ 4 & 4 & 5 \end{pmatrix}$; $B = \begin{pmatrix} 1 & 2 & 0 \\ 2 & 1 & 5 \\ 3 & 3 & 3 \end{pmatrix}$

Wie viel ME der einzelnen Rohstoffe werden für je eine ME der Endprodukte benötigt?

2 Ein Produktionsprozess, bei dem aus den Rohstoffen R_1, R_2 und R_3 die Zwischenprodukte Z_1 und Z_2 und aus diesen die Endprodukte E_1 und E_2 hergestellt werden, wird beschrieben durch die folgenden Tabellen:

	E_1	E_2
Z_1	1	2
Z_2	2	2

	E_1	E_2
R_1	4	6
R_2	3	4
R_3	5	8

Wie viele ME der drei Rohstoffe braucht man für je eine ME der Zwischenprodukte?

3 Die Spielzeugfirma Leroy stellt aus drei Rohstoffen R_1, R_2 und R_3 Steckteile (Frontteile Z_1, Mittelteile Z_2 und Heckteile Z_3) für Spielzeugautos her. Der Hersteller verkauft als Endprodukte E_1, E_2, E_3 und E_4 Packungen mit Steckteilen. Für ein Frontteil benötigt man jeweils 1 ME R_1 und R_3 und 2 ME R_2, für ein Mittelteil jeweils 2 ME R_1 und R_2 und 1 ME R_3, für ein Heckteil 3 ME R_1, 5 ME R_2 und 2 ME R_3.
Die Tabelle gibt an, wie viele Steckteile in die einzelnen Endprodukte eingehen. Wie viele Rohstoffe gehen in die einzelnen Endprodukte ein?

	E_1	E_2	E_3	E_4
Z_1	1	1	1	2
Z_2	0	1	3	4
Z_3	1	1	1	2

4 Ein Unternehmen stellt aus den Rohstoffen R_1 und R_2 die Zwischenprodukte Z_1 und Z_2 und daraus die Endprodukte E_1 und E_2 her.
Der Materialfluss in Mengeneinheiten (ME) ist den Tabellen zu entnehmen.

	Z_1	Z_2
R_1	2	1
R_2	3	1

	E_1	E_2
Z_1	a	c
Z_2	b	4

	E_1	E_2
R_1	12	10
R_2	14	d

Berechnen Sie die Werte a, b, c und d. Zeichnen Sie ein Verflechtungsdiagramm.

5 Ein Fertiggaragenhersteller produziert aus zwei Rohstoffen R_1 und R_2 drei Baugruppen B_1, B_2 und B_3 und daraus drei Typen von Fertiggaragen G_1, G_2 und G_3. Der Materialfluss in Mengeneinheiten (ME) ist dem Diagramm und der Tabelle zu entnehmen.

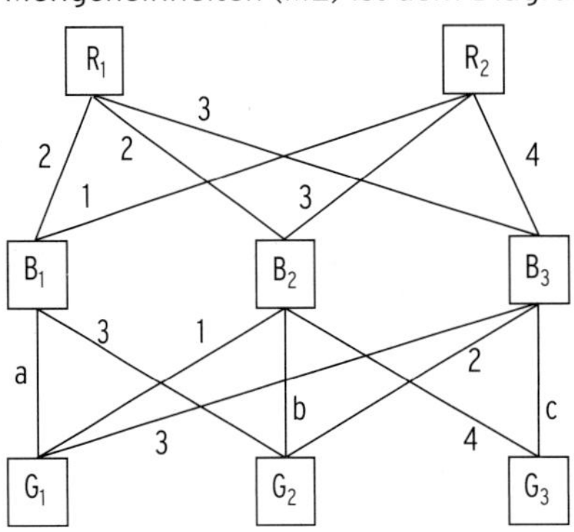

	G_1	G_2	G_3
R_1	15	18	20
R_2	17	20	28

Bestimmen Sie die Matrix, die den Bedarf an Baugruppen je Fertiggaragentyp angibt.

3 Produktions- und Verbrauchsvektoren

Beispiel

Ein Unternehmen stellt aus drei Rohstoffen R_1, R_2 und R_3 Zwischenprodukte und daraus die Endprodukte E_1, E_2 und E_3 her. Die nebenstehende Stückliste gibt den Bedarf an Rohstoffen für je 1 ME der Endprodukte an.

	E_1	E_2	E_3
R_1	3	1	2
R_2	2	1	4
R_3	1	2	5

a) Wie viele Rohstoffe werden benötigt, um 2 ME von E_1, 5 ME von E_2 und 3 ME von E_3 herzustellen?

b) Wie viele Endprodukte können aus 27 ME von R_1, 35 ME von R_2 und 40 ME von R_3 hergestellt werden?

Lösung

Für die Produktion von **je einer ME** E_1 braucht man 3 ME R_1,
je einer ME E_2 braucht man 1 ME R_1,
je einer ME E_3 braucht man 2 ME R_1.

a) Für die Produktion von **2** ME von E_1, **5** ME von E_2 und **3** ME von E_3

- braucht man $(3 \cdot \mathbf{2} + 1 \cdot \mathbf{5} + 2 \cdot \mathbf{3})$ ME R_1, also **17 ME** R_1.
- braucht man $(2 \cdot \mathbf{2} + 1 \cdot \mathbf{5} + 4 \cdot \mathbf{3})$ ME R_2, also **21 ME** R_2.
- braucht man $(1 \cdot \mathbf{2} + 2 \cdot \mathbf{5} + 5 \cdot \mathbf{3})$ ME R_3, also **27 ME** R_3.

Ergebnis: Für die Herstellung von 2 ME von E_1, 5 ME von E_2 und 3 ME von E_3 werden 17 ME von R_1, 21 ME von R_2 und 27 ME von R_3 benötigt.

In Matrixschreibweise: $\begin{pmatrix} 3 & 1 & 2 \\ 2 & 1 & 4 \\ 1 & 2 & 5 \end{pmatrix} \cdot \begin{pmatrix} 2 \\ 5 \\ 3 \end{pmatrix} = C_{RE} \cdot \vec{x} = \begin{pmatrix} 17 \\ 21 \\ 27 \end{pmatrix}$

b) Aus den Rohstoffen werden x_1 ME von E_1, x_2 ME von E_2 und x_3 ME von E_3 produziert.

Dann gilt für 27 ME R_1: $3 \cdot x_1 + 1 \cdot x_2 + 2 \cdot x_3 = 27$
für 35 ME R_2: $2 \cdot x_1 + 1 \cdot x_2 + 4 \cdot x_3 = 35$
und für 40 ME R_3: $1 \cdot x_1 + 2 \cdot x_2 + 5 \cdot x_3 = 40$

Das lineare Gleichungssystems für x_1, x_2, x_3: $\left(\begin{array}{ccc|c} 3 & 1 & 2 & 27 \\ 2 & 1 & 4 & 35 \\ 1 & 2 & 5 & 40 \end{array}\right)$

Auflösung des linearen Gleichungssystems (Zeile 3 und Zeile 1 werden getauscht):

$$\left(\begin{array}{ccc|c} 1 & 2 & 5 & 40 \\ 2 & 1 & 4 & 35 \\ 3 & 1 & 2 & 27 \end{array}\right) \sim \left(\begin{array}{ccc|c} 1 & 2 & 5 & 40 \\ 0 & 3 & 6 & 45 \\ 0 & -5 & -13 & -93 \end{array}\right) \sim \left(\begin{array}{ccc|c} 1 & 2 & 5 & 40 \\ 0 & 3 & 6 & 45 \\ 0 & 0 & -9 & -54 \end{array}\right)$$

Lösung: $x_1 = 4$, $x_2 = 3$, $x_3 = 6$.

Ergebnis: Es können 4 ME von E_1, 3 ME von E_2 und 6 ME von E_3 hergestellt werden.

Produktionsvektor für die Endprodukte: $\vec{x} = \begin{pmatrix} x_1 \\ x_2 \\ x_3 \end{pmatrix} = \begin{pmatrix} 4 \\ 3 \\ 6 \end{pmatrix}$

LGS in Matrixschreibweise: $\begin{pmatrix} 3 & 1 & 2 \\ 2 & 1 & 4 \\ 1 & 2 & 5 \end{pmatrix} \cdot \begin{pmatrix} x_1 \\ x_2 \\ x_3 \end{pmatrix} = C_{RE} \cdot \vec{x} = \begin{pmatrix} 27 \\ 35 \\ 40 \end{pmatrix}$

5 Bohner, Ott, Deusch - ISBN 978-3-8120-0639-2

Man unterscheidet folgende Vektoren:

Verbrauchsvektor für die Rohstoffe: $\vec{r} = \begin{pmatrix} r_1 \\ r_2 \\ r_3 \end{pmatrix}$

Produktionsvektor bzw. Verbrauchsvektor für die **Zwischenprodukte**: $\vec{z} = \begin{pmatrix} z_1 \\ z_2 \\ z_3 \end{pmatrix}$

Produktionsvektor für die **Endprodukte**: $\vec{x} = \begin{pmatrix} x_1 \\ x_2 \\ x_3 \end{pmatrix}$

Beachten Sie:

Verbrauchsvektoren besagen, wie viel ME an Rohstoffen bzw. Zwischenprodukten benötigt werden.

Produktionsvektoren besagen, wie viel ME an Zwischenprodukten bzw. Endprodukten hergestellt werden.

Beispiel

➲ Ein Betrieb fertigt in einem zweistufigen Produktionsprozess aus den Rohstoffen R_1, R_2 und R_3 zunächst die Zwischenprodukte Z_1, Z_2 und Z_3 und daraus die Endprodukte E_1, E_2 und E_3. Die Rohstoff-Zwischenprodukt-Matrix A und die Zwischenprodukt-Endprodukt-Matrix B sind gegeben durch $A = \begin{pmatrix} 2 & 3 & 3 \\ 2 & 1 & 2 \\ 0 & 1 & 2 \end{pmatrix}$ und $B = \begin{pmatrix} 2 & 1 & 1 \\ 1 & 0 & 2 \\ 0 & 1 & 3 \end{pmatrix}$.

a) Wie viele Zwischenprodukte werden benötigt, um 6 ME von E_1, 7 ME von E_2 und 5 ME von E_3 herzustellen?

b) Wie viel Endprodukte können aus 34 ME Z_1, 26 ME von Z_2 und 30 ME von Z_3 hergestellt werden?

c) Wie viel Rohstoffe braucht man zur Herstellung von 12 ME von E_1, 10 ME von E_2 und 12 ME von E_3?

Lösung

a) Die Matrix B gibt an, wie viel ME an Zwischenprodukten für die Herstellung von je einer ME der Endprodukte gebraucht werden.

Für die Produktion von **je einer ME E_1** braucht man 2 ME Z_1,
je einer ME E_2 braucht man 1 ME Z_1,
je einer ME E_3 braucht man 1 ME Z_1.

Für die Produktion von 6 ME von E_1, 7 ME von E_2 und 5 ME von E_3 braucht man $(2 \cdot 6 + 1 \cdot 7 + 1 \cdot 5)$ ME Z_1, also **24 ME** Z_1.

Für die Produktion von 6 ME von E_1, 7 ME von E_2 und 5 ME von E_3 braucht man $(1 \cdot 6 + 0 \cdot 7 + 2 \cdot 5)$ ME Z_2, also **16 ME** Z_2.

Für die Produktion von 6 ME von E_1, 7 ME von E_2 und 5 ME von E_3 braucht man $(0 \cdot 6 + 1 \cdot 7 + 3 \cdot 5)$ ME Z_3, also **22 ME** Z_3.

Ergebnis: Es werden 24 ME von Z_1, 16 ME von Z_2 und 22 ME von Z_3 benötigt.

D. h., die Multiplikation von B mit dem Produktionsvektor für die Endprodukte $\vec{x}$ ergibt den Verbrauchsvektor für die Zwischenprodukte $\vec{z}$.

In Matrixschreibweise: $\begin{pmatrix} 2 & 1 & 1 \\ 1 & 0 & 2 \\ 0 & 1 & 3 \end{pmatrix} \cdot \begin{pmatrix} 6 \\ 7 \\ 5 \end{pmatrix} = \begin{pmatrix} 24 \\ 16 \\ 22 \end{pmatrix}$ bzw. $B \cdot \vec{x} = \vec{z}$.

b) Für die Produktion von **je einer ME E_1** braucht man 2 ME Z_1,
je einer ME E_2 braucht man 1 ME Z_1,
je einer ME E_3 braucht man 1 ME Z_1.

Für die Produktion von x_1 ME von E_1, x_2 ME von E_2 und x_3 ME von E_3
braucht man $2 \cdot x_1 + 1 \cdot x_2 + 1 \cdot x_3$ (in ME) Z_1, insgesamt 34 ME Z_1,
und $1 \cdot x_1 + 0 \cdot x_2 + 2 \cdot x_3$ (in ME) Z_2, insgesamt 26 ME Z_2,
und $0 \cdot x_1 + 1 \cdot x_2 + 3 \cdot x_3$ (in ME) Z_3, insgesamt 30 ME Z_3.

Mit $\mathbf{B} \cdot \vec{x} = \vec{z}$ erhält man ein lineares Gleichungssystem für x_1, x_2, x_3.

$$\begin{aligned} 2 \cdot x_1 + 1 \cdot x_2 + 1 \cdot x_3 &= 34 \\ 1 \cdot x_1 + 2 \cdot x_3 &= 26 \\ 0 \cdot x_1 + 1 \cdot x_2 + 3 \cdot x_3 &= 30 \end{aligned}$$

In Matrixform $\left(\begin{array}{ccc|c} 2 & 1 & 1 & 34 \\ 1 & 0 & 2 & 26 \\ 0 & 1 & 3 & 30 \end{array}\right)$

Auflösung $\left(\begin{array}{ccc|c} 2 & 1 & 1 & 34 \\ 0 & 1 & -3 & -18 \\ 0 & 1 & 3 & 30 \end{array}\right)$

$\left(\begin{array}{ccc|c} 2 & 1 & 1 & 34 \\ 0 & 1 & -3 & -18 \\ 0 & 0 & -6 & -48 \end{array}\right)$

Lösung des linearen Gleichungssystems: $x_1 = 10$, $x_2 = 6$, $x_3 = 8$

Lösungsvektor:
(Produktionsvektor) $\vec{x} = \begin{pmatrix} x_1 \\ x_2 \\ x_3 \end{pmatrix} = \begin{pmatrix} 10 \\ 6 \\ 8 \end{pmatrix}$

Ergebnis: Es können 10 ME von E_1, 6 ME von E_2 und 8 ME von E_3 hergestellt werden.

c) Die Matrix A gibt an, wie viel ME an Rohstoffen für die Herstellung von je einer ME der Zwischenprodukte gebraucht werden.
Die Matrix A · B (= C; Rohstoff-Endprodukt-Matrix) gibt an, wie viel ME an Rohstoffen für die Herstellung von je einer ME der Endprodukte gebraucht werden.

Berechnung des Rohstoffvektors $\vec{r}$ für den Produktionsvektors $\vec{x} = \begin{pmatrix} 12 \\ 10 \\ 12 \end{pmatrix}$

$$\vec{x} = \begin{pmatrix} 2 & 3 & 3 \\ 2 & 1 & 2 \\ 0 & 1 & 2 \end{pmatrix} \cdot \begin{pmatrix} 2 & 1 & 1 \\ 1 & 0 & 2 \\ 0 & 1 & 3 \end{pmatrix} \cdot \begin{pmatrix} 12 \\ 10 \\ 12 \end{pmatrix} = \begin{pmatrix} 7 & 5 & 17 \\ 5 & 4 & 10 \\ 1 & 2 & 8 \end{pmatrix} \cdot \begin{pmatrix} 12 \\ 10 \\ 12 \end{pmatrix} = \begin{pmatrix} 338 \\ 220 \\ 128 \end{pmatrix}$$

Man braucht 338 ME R_1, 220 ME R_2 und 128 ME R_3.

Alternative: Berechnung über die Zwischenprodukte

$$\begin{pmatrix} 2 & 1 & 1 \\ 1 & 0 & 2 \\ 0 & 1 & 3 \end{pmatrix} \cdot \begin{pmatrix} 12 \\ 10 \\ 12 \end{pmatrix} = \begin{pmatrix} 46 \\ 36 \\ 46 \end{pmatrix}$$

Man braucht 46 ME Z_1, 36 ME Z_2 und 46 ME Z_3.

und dafür $\begin{pmatrix} 2 & 3 & 3 \\ 2 & 1 & 2 \\ 0 & 1 & 2 \end{pmatrix} \cdot \begin{pmatrix} 46 \\ 36 \\ 46 \end{pmatrix} = \begin{pmatrix} 338 \\ 220 \\ 128 \end{pmatrix}$.

Man braucht 338 ME R_1, 220 ME R_2 und 128 ME R_3.

Beispiel

➲ In einem Betrieb werden aus zwei Rohstoffen R_1 und R_2 die Zwischenprodukte Z_1, Z_2 und Z_3 und daraus die Endprodukte E_1, E_2 und E_3 gefertigt. Die nachfolgenden Stücklisten geben den Bedarf in Rohstoffen für je 1 ME der Zwischenprodukte bzw. den Bedarf an Zwischenprodukten für je 1 ME der Endprodukte an.

	Z_1	Z_2	Z_3
R_1	3	2	2
R_2	1	3	1

	E_1	E_2	E_3
Z_1	2	6	0
Z_2	1	4	1
Z_3	0	3	2

a) Bestimmen Sie die Rohstoff-Endprodukt-Matrix.

b) Der derzeitige Lagerbestand ist 2100 ME von R_1 und 1300 ME von R_2. Es sollen 60 ME E_1, 40 ME E_2 und 45 ME E_3 hergestellt werden. Ermitteln Sie den Restbestand bzw. den zusätzlichen Bedarf an Rohstoffen.

c) Nach Beendigung eines Auftrages sind noch 76 ME R_1 und 66 ME von R_2 am Lager. Wie viel ME der Zwischenprodukte können produziert werden, wenn von Z_2 doppelt soviele ME wie von Z_1 produziert werden?

Lösung

a) Für die Rohstoff-Endprodukt-Matrix C gilt: $A \cdot B = C$.

$$A \cdot B = \begin{pmatrix} 3 & 2 & 2 \\ 1 & 3 & 1 \end{pmatrix} \cdot \begin{pmatrix} 2 & 6 & 0 \\ 1 & 4 & 1 \\ 0 & 3 & 2 \end{pmatrix} = \begin{pmatrix} 8 & 32 & 6 \\ 5 & 21 & 5 \end{pmatrix} = C$$

b) Aus $C \cdot \vec{x} = \vec{r}$ folgt durch Einsetzen von $\vec{x} = \begin{pmatrix} 60 \\ 40 \\ 45 \end{pmatrix}$:

$$C \cdot \vec{x} = \begin{pmatrix} 8 & 32 & 6 \\ 5 & 21 & 5 \end{pmatrix} \begin{pmatrix} 60 \\ 40 \\ 45 \end{pmatrix} = \begin{pmatrix} 2030 \\ 1365 \end{pmatrix}$$

Der Restbestand an R_1 beträgt 70 ME, an R_2 besteht ein Bedarf von 65 ME.

c) Aus $A \cdot \vec{z} = \vec{r}$ folgt mit $\vec{z} = \begin{pmatrix} z_1 \\ 2z_1 \\ z_3 \end{pmatrix}$ durch Einsetzen $= \begin{pmatrix} 3 & 2 & 2 \\ 1 & 3 & 1 \end{pmatrix} \cdot \begin{pmatrix} z_1 \\ 2z_1 \\ z_3 \end{pmatrix} = \begin{pmatrix} 76 \\ 66 \end{pmatrix}$.

Ausmultiplizieren ergibt ein lineares Gleichungssystem für z_1 und z_3:

$3z_1 + 2 \cdot 2z_1 + 2z_3 = 76 \Leftrightarrow 7z_1 + 2z_3 = 76$ (I)

$z_1 + 3 \cdot 2z_1 + z_3 = 66 \Leftrightarrow 7z_1 + z_3 = 66$ (II)

Addition der beiden Gleichungen, (I) + (II) · (−1)

ergibt $z_3 = 10$

Einsetzen in z. B. (II): $7z_1 + 10 = 66$

$z_1 = 8$

Das LGS hat die Lösung: $z_1 = 8$; $z_3 = 10$

Ergebnis: Es können 8 ME von Z_1, 16 ME von Z_2 und 10 ME von Z_3 produziert werden.

Was man wissen sollte ... über Verflechtungsmatrizen, Verbrauchs- und Produktionsvektoren

$A \cdot \vec{z} = \vec{r}$	$B \cdot \vec{x} = \vec{z}$	$C \cdot \vec{x} = \vec{r}$

Fragestellung

Für	$A \cdot \vec{z} = \vec{r}$	$B \cdot \vec{x} = \vec{z}$	$C \cdot \vec{x} = \vec{r}$
ist **gegeben:**	$\vec{z}$	$\vec{x}$	$\vec{x}$
und **gesucht:**	$\vec{r}$	$\vec{z}$	$\vec{r}$

Lösung

durch **Einsetzen** des gegebenen Vektors.

Berechnung von	$A \cdot \vec{z}$	$B \cdot \vec{x}$	$C \cdot \vec{x}$

ergibt den gesuchten Verbrauchs- oder Produktionsvektor.

Fragestellung

Für	$A \cdot \vec{z} = \vec{r}$	$B \cdot \vec{x} = \vec{z}$	$C \cdot \vec{x} = \vec{r}$
ist **gegeben:**	$\vec{r}$	$\vec{z}$	$\vec{r}$
und **gesucht:**	$\vec{z}$	$\vec{x}$	$\vec{x}$

Lösung

Einsetzen des gegebenen Vektors ergibt ein **lineares Gleichungssystem**

für	z_1, z_2, z_3	x_1, x_2, x_3	x_1, x_2, x_3

Auflösung ergibt den gesuchten Verbrauchs- oder Produktionsvektor.

Merkregel

$A \cdot \vec{z} = \vec{r}$ $\qquad$ $B \cdot \vec{x} = \vec{z}$ $\qquad$ $C \cdot \vec{x} = \vec{r}$

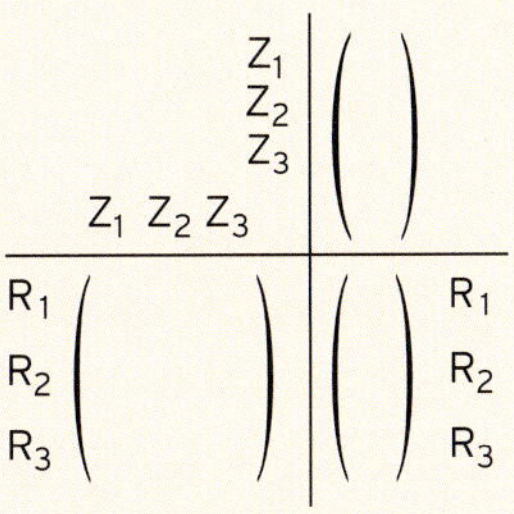

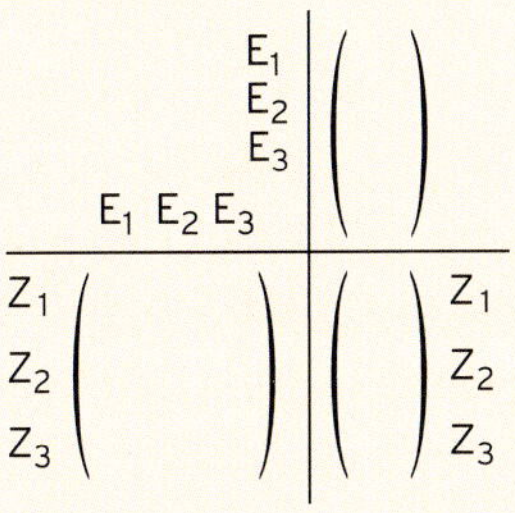

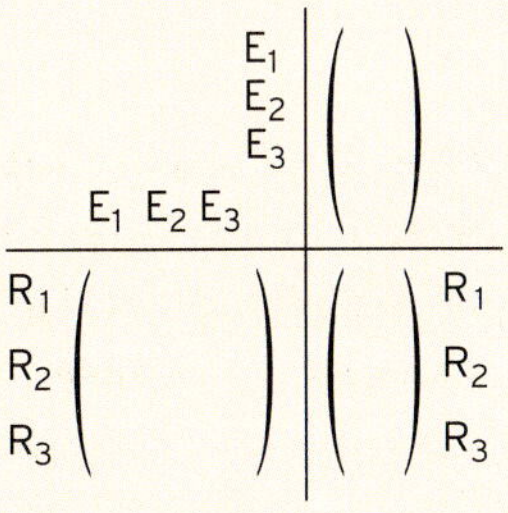

$(RZ) \cdot \begin{pmatrix} z_1 \\ z_2 \\ z_3 \end{pmatrix} = \begin{pmatrix} r_1 \\ r_2 \\ r_3 \end{pmatrix}$ $\qquad$ $(ZE) \cdot \begin{pmatrix} x_1 \\ x_2 \\ x_3 \end{pmatrix} = \begin{pmatrix} z_1 \\ z_2 \\ z_3 \end{pmatrix}$ $\qquad$ $(RE) \cdot \begin{pmatrix} x_1 \\ x_2 \\ x_3 \end{pmatrix} = \begin{pmatrix} r_1 \\ r_2 \\ r_3 \end{pmatrix}$

Aufgaben

1 Ein Betrieb stellt drei Präparate E_1, E_2 und E_3 her, die die Vitamine V_1, V_2 und V_3 in unterschiedlichen Anteilen enthalten. Das Verflechtungsdiagramm gibt an, wie viel ME Vitamin in jeweils einer ME Präparat enthalten ist.

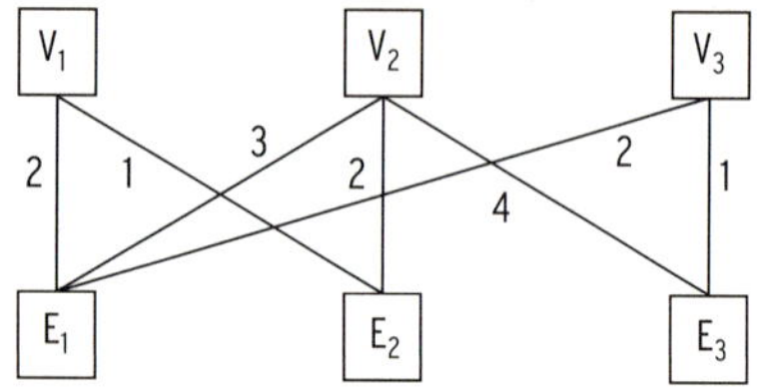

a) Beschreiben Sie die Verteilung der Vitamine auf die Präparate in Form einer Tabelle und der (V, E)-Matrix.

b) Für einen Auftrag werden von V_1 390 ME, von V_2 1020 ME und von V_3 660 ME verarbeitet. Wie viel ME der Präparate E_1, E_2 und E_3 werden damit gefertigt?

c) Für einen weiteren Auftrag sind 200 ME von E_1, 220 ME von E_2 und 240 ME von E_3 zu liefern. Wie viel ME der Vitamine V_1, V_2 und V_3 benötigt der Betrieb dafür?

2 Ein Unternehmen stellt aus drei pflanzlichen Rohstoffen R_1, R_2 und R_3 die Substanzen S_1, S_2 und S_3 her. Aus diesen Substanzen werden die Medikamente M_1 und M_2 hergestellt. Die folgenden Tabellen zeigen den Materialbedarf in Mengeneinheiten (ME):

	S_1	S_2	S_3
R_1	1	2	2
R_2	4	3	2
R_3	1	5	1

	M_1	M_2
S_1	1	5
S_2	1	3
S_3	2	2

a) Erstellen Sie eine Tabelle, die den Rohstoffbedarf für die Medikamente darstellt.

b) Erfahrungsgemäß werden im Sommer 2000 ME des Medikaments M_1 und 1700 ME des Medikaments M_2 verkauft. Berechnen Sie den Bedarf an Substanzen, die dazu benötigt werden.

c) Im Lager befinden sich 660 ME R_1 und 1140 ME R_2. Der Rohstoff R_3 ist nicht mehr vorrätig. Es werden gleich viel ME der Substanzen S_1 und S_3 benötigt.
Wie viele ME der Substanzen S_1, S_2 und S_3 können aus den Lagerbeständen hergestellt werden, wenn alle vorhandenen Rohstoffe verbraucht werden sollen? Wie viele ME des Rohstoffs R_3 müssen dazu bestellt werden?

3 Die Weber Metallbau GmbH stellt aus den Komponenten R_1, R_2 und R_3 die Bauteile B_1, B_2 und B_3 her. Daraus werden die Fertigprodukte E_1, E_2 und E_3 montiert. Für 1 ME E_1 werden 20 ME R_1, 6 ME R_2 und 9 ME R_3 verbraucht, für 1 ME E_2 benötigt man 24 ME R_1, 14 ME R_2 und 11 ME R_3 und für 1 ME E_3 benötigt man 24 ME R_1, 12 ME R_2 und 15 ME R_3.
Im Lager sind 5280 ME der Komponente R_1, 2260 ME von R_2 und keine Komponenten R_3.
Die Fertigungsleitung hat zwei Optionen für die nächste Produktionsperiode:

- Von E_2 werden 50 ME produziert und das Lager soll vollständig geräumt werden.
- Ein Auftrag über jeweils 100 ME der Fertigprodukte E_1, E_2 und E_3 wird angenommen und abgearbeitet.

Erläutern Sie die Auswirkungen der beiden Möglichkeiten.

4 Das Hightech-Unternehmen Kisko braucht für die Fertigung seiner Mikrochips M_1, M_2 und M_3 die Rohstoffe R_1, R_2 und R_3.
Aus den Mikrochips werden die Speicherbausteine E_1, E_2 und E_3 hergestellt.
Die nachfolgenden Stücklisten beschreiben den Materialfluss.

	M_1	M_2	M_3
R_1	4	3	3
R_2	2	4	2
R_3	4	5	1

	E_1	E_2	E_3
M_1	1	3	4
M_2	5	2	2
M_3	0	4	0

a) Wie viel Stück der einzelnen Rohstoffe müssen vorrätig sein, damit ein Auftrag über 70 Stück von E_1, 100 Stück von E_2 und 60 Stück von E_3 bearbeitet werden kann?
Wie viel Stück Mikrochips müssen in der ersten Produktionsstufe für diesen Auftrag gefertigt werden?

b) Im Lager befinden sich zurzeit 840 Stück M_1 und 960 Stück M_2. Wie viel Stück von M_3 müssen nachgeliefert werden, wenn 120 Stück von E_1 produziert und der Lagerbestand an Mikrochips vollständig verarbeitet werden soll? Dabei darf bei M_1 eine „eiserne Reserve" von 100 Stück nicht unterschritten werden.
Wie viel Stück von E_2 und E_3 können dann hergestellt werden?

5 Ein Betrieb fertigt aus den Materialien R_1, R_2 und R_3 die Zwischenprodukte Z_1, Z_2 und Z_3. Diese werden dann zu den Endprodukten E_1, E_2 und E_3 verarbeitet.
Der Materialfluss in Mengeneinheiten (ME) ist durch folgende Tabellen gegeben:

	E_1	E_2	E_3
R_1	12	14	21
R_2	12	13	21
R_3	11	12	19

	E_1	E_2	E_3
Z_1	2	3	4
Z_2	1	2	2
Z_3	2	1	3

a) Wie viele ME von jedem Endprodukt können aus 80 ME Z_1, 50 ME von Z_2 und 40 ME von Z_3 hergestellt werden?

b) Laut Inventur sind von R_1 4530 ME, von R_2 4410 ME und von R_3 4030 ME am Lager. Dieser Lagerbestand soll vollständig zu Endprodukten verarbeitet werden.
Wie viele ME von jedem Endprodukt werden dann hergestellt?

c) Bestimmen Sie die Matrix A, die beschreibt, wie viele ME der Materialien für jeweils eine ME der Zwischenprodukte benötigt werden.
Berechnen Sie den Bedarf an Materialien für 80 ME Z_1, 50 ME von Z_2 und 40 ME von Z_3.

Kontrollergebnis: $(Z;\, E)^{-1} = \begin{pmatrix} -4 & 5 & 2 \\ -1 & 2 & 0 \\ 3 & -4 & -1 \end{pmatrix}$

4 Kosten

Beispiel

Ein Betrieb produziert aus den drei Rohstoffen R_1, R_2 und R_3 die Produkte P_1 und P_2. Der Materialfluss in Mengeneinheiten (ME) ist der Tabelle (Stückliste) zu entnehmen.
Die Rohstoffkosten betragen 7 GE (Geldeinheiten) für 1 ME R_1, 3 GE für 1 ME R_2 und 2 GE für 1 ME R_3. Berechnen Sie die gesamten Rohstoffkosten für die Produktion von 120 ME von P_1 und 80 ME von P_2.

	P_1	P_1
R_1	4	6
R_2	0	8
R_3	5	3

Lösung

Berechnung der **Rohstoffkosten** für zum Beispiel 1 ME von P_1:
In 1 ME von P_1 sind enthalten

				R_1	4
				R_2	0
Kosten für 1 ME	R_1	R_2	R_3	R_3	5
	7	3	2		$7 \cdot 4 + 3 \cdot 0 + 2 \cdot 5 = 38$

$$(7 \;\; 3 \;\; 2) \cdot \begin{pmatrix} 4 \\ 0 \\ 5 \end{pmatrix} = 38$$

Die Rohstoffkosten für 1 ME von P_1 betragen 38 GE.
Berechnung der **Rohstoffkosten** für zum Beispiel 1 ME von P_2:
In 1 ME von P_2 sind enthalten

				R_1	6
				R_2	8
Kosten für 1 ME	R_1	R_2	R_3	R_3	3
	7	3	2		$7 \cdot 6 + 3 \cdot 8 + 2 \cdot 3 = 72$

$$(7 \;\; 3 \;\; 2) \cdot \begin{pmatrix} 6 \\ 8 \\ 3 \end{pmatrix} = 72$$

Die Rohstoffkosten für 1 ME von P_2 betragen 72 GE.
Multiplikation von links mit dem **Kostenvektor** $\vec{k}$ (**als Zeilenvektor**) ergibt die Rohstoffkosten für je eine ME der Produkte.

$$(7 \;\; 3 \;\; 2) \begin{pmatrix} 4 & 6 \\ 0 & 8 \\ 5 & 3 \end{pmatrix} = (38 \;\; 72)$$

Für die Herstellung von **1 ME** von **P_1** betragen die Rohstoffkosten 38 GE,
für 1 ME von P_2 betragen die Rohstoffkosten 72 GE.

Rohstoffkosten für die Produktion von 120 ME von P_1 und 80 ME von P_2:
Multiplikation von Rohstoffkosten je ME P_1 und je ME P_2 mit dem Produktionsvektor ergibt die **Gesamtrohstoffkosten** (eine Zahl).

			P_1	120
Kosten für 1 ME	P_1	P_2	P_2	80
	38	72		$38 \cdot 120 + 72 \cdot 80 = 10\,320$

In Matrixschreibweise: $(38 \;\; 72) \cdot \begin{pmatrix} 120 \\ 80 \end{pmatrix} = 10\,320$

Rohstoffkostenvektor $\vec{k}$ · **Produktionsvektor $\vec{x}$** = **Gesamtrohstoffkosten**

Oder:

$\begin{pmatrix} 4 & 6 \\ 0 & 8 \\ 5 & 3 \end{pmatrix} \cdot \begin{pmatrix} 120 \\ 80 \end{pmatrix} = \begin{pmatrix} 960 \\ 640 \\ 840 \end{pmatrix}$ **Gesamtrohstoffbedarf;** $(7 \;\; 3 \;\; 2) \cdot \begin{pmatrix} 960 \\ 640 \\ 840 \end{pmatrix} = 10\,320$ **Gesamtrohstoffkosten**

Beispiel

➲ Ein Computerproduzent stellt aus drei Rohstoffen R_1, R_2 und R_3 die Endprodukte E_1, E_2 und E_3 her. Die Tabelle gibt den Materialfluss in Mengeneinheiten (ME) an.

	E_1	E_2	E_3
R_1	2	4	3
R_2	4	2	5
R_3	3	1	6

Die Rohstoffkosten betragen 3 GE für je 1 ME R_1, 2,5 GE für je 1 ME R_2 und 6,5 GE für je 1 ME R_3. Die Fertigungskosten für eine ME von E_1 betragen 20 GE, für eine ME von E_2 15 GE und für eine ME von E_3 7 GE.

Für einen Auftrag werden 4 ME von E_1, 6 ME von E_2 und 5 ME von E_3 benötigt.

a) Berechnen Sie die Rohstoffkosten für diesen Auftrag.

b) Bestimmen Sie die variablen Herstellkosten und die Gesamtkosten für diesen Auftrag, wenn ein Fixkostenanteil von 300 GE zu berücksichtigen ist.

Lösung

a) Die Rohstoffkosten für je 1 ME von Endprodukt E_1 setzen sich wie folgt zusammen:

Für je 1 ME E_1 braucht man
von R_1 2 ME à 3 GE/ME = 6 GE
von R_2 4 ME à 2,5 GE/ME = 10 GE
von R_3 3 ME à 6,5 GE/ME = 19,50 GE

Rohstoffkosten je ME E_1: $6 + 10 + 19{,}50 = 35{,}5$

Rohstoffkosten je ME E_2: $4 \cdot 3 + 2 \cdot 2{,}5 + 1 \cdot 6{,}5 = 23{,}5$

Rohstoffkosten je ME E_3: $3 \cdot 3 + 5 \cdot 2{,}5 + 6 \cdot 6{,}5 = 60{,}5$

Rohstoffkosten K_R für diesen Auftrag: $K_R = 4 \cdot 35{,}50 + 6 \cdot 23{,}50 + 5 \cdot 60{,}50$

$K_R = 585{,}50$

Ergebnis: Die Rohstoffkosten für diesen Auftrag betragen 585,50 GE.

In Matrixschreibweise: $(3 \;\; 2{,}5 \;\; 6{,}5) \begin{pmatrix} 2 & 4 & 3 \\ 4 & 2 & 5 \\ 3 & 1 & 6 \end{pmatrix} \begin{pmatrix} 4 \\ 6 \\ 5 \end{pmatrix} = (35{,}5 \;\; 23{,}5 \;\; 60{,}5) \begin{pmatrix} 4 \\ 6 \\ 5 \end{pmatrix} = 585{,}50.$

b) Kosten für die Fertigung: $K_E = 20 \cdot 4 + 15 \cdot 6 + 7 \cdot 5 = 205$

In Vektorschreibweise: $K_E = (20 \;\; 15 \;\; 7) \begin{pmatrix} 4 \\ 6 \\ 5 \end{pmatrix} = \vec{k}_E \cdot \vec{x}$

Variable Herstellkosten: $K_v = K_R + K_E = 585{,}50 + 205$

$K_v = 790{,}50$

Fixkosten: $K_{fix} = 300$

Gesamtkosten: $K = K_v + K_{fix} = 790{,}50 + 300$

$K = 1090{,}50$

Ergebnis:

Die **variablen Herstellkosten** betragen 790,50 GE, die **Gesamtkosten** belaufen sich auf 1090,50 GE.

Hinweis: Kostenvektoren sind **Zeilenvektoren, Verbrauchsvektoren** und **Produktionsvektoren** sind **Spaltenvektoren.**

Beispiel

Ein Betrieb fertigt in einem zweistufigen Produktionsprozess aus den Rohstoffen R_1, R_2 und R_3 zunächst die Zwischenprodukte Z_1, Z_2 und Z_3 und daraus die Endprodukte E_1, E_2 und E_3. Gegeben sind die Rohstoff-Endprodukt-Matrix C und die Zwischenprodukt-Endprodukt-Matrix B.

$$B = \begin{pmatrix} 2 & 1 & 1 \\ 1 & 0 & 2 \\ 0 & 1 & 3 \end{pmatrix}; \; C = \begin{pmatrix} 2 & 5 & 3 \\ 4 & 4 & 6 \\ 4 & 7 & 7 \end{pmatrix}$$

Die Kosten für die Rohstoffe, für die Fertigung der Zwischenprodukte und die Montage der Endprodukte betragen in Geldeinheiten pro Mengeneinheiten (GE/ME):

R_1	R_2	R_3
8	4	7

Z_1	Z_2	Z_3
12	8	4

E_1	E_2	E_3
8	10	12

Für einen Auftrag werden 3 ME von E_1, 5 ME von E_2 und 2 ME von E_3 hergestellt.

a) Berechnen Sie die gesamten Rohstoffkosten (Materialkosten) für diesen Auftrag.

b) Bestimmen Sie die Fertigungskosten je ME Endprodukt bei der Zwischenproduktfertigung.

c) Geben Sie die variablen Herstellkosten je ME der Endprodukte an. Berechnen Sie die variablen Herstellkosten für diesen Auftrag.

Lösung

a) Die Rohstoffkosten für je 1 ME von Endprodukt E_1 setzen sich wie folgt zusammen:

Rohstoffkostenvektor $\vec{k}_R = (8 \;\; 4 \;\; 7)$

Für je 1 ME E_1 braucht man
- von R_1 2 ME à 8 GE/ME = 16 GE
- von R_2 4 ME à 4 GE/ME = 16 GE
- von R_3 4 ME à 7 GE/ME = 28 GE

Rohstoffkosten je ME Endprodukt E_1: 16 + 16 + 28 = 60, also 60 GE

In Matrixschreibweise: $(8 \;\; 4 \;\; 7) \cdot \begin{pmatrix} 2 \\ 4 \\ 4 \end{pmatrix} = 60$

Rohstoffkosten je ME Endprodukt: $\vec{k}_R \cdot C = (8 \;\; 4 \;\; 7) \begin{pmatrix} 2 & 5 & 3 \\ 4 & 4 & 6 \\ 4 & 7 & 7 \end{pmatrix} = (60 \;\; 105 \;\; 97)$ (Spalte E_1 → E_1)

Rohstoffkosten für den Auftrag: $\vec{k}_R \cdot C \cdot \vec{x} = (60 \;\; 105 \;\; 97) \begin{pmatrix} 3 \\ 5 \\ 2 \end{pmatrix} = 899$

Die **Rohstoffkosten für diesen Auftrag** betragen 899 GE.

Beachten Sie:

$\vec{k}_R \cdot C \cdot \vec{x}$ ergibt die **Gesamtmaterialkosten** für die Produktion $\vec{x}$.

b) Kostenvektor $\vec{k}_Z = (12 \;\; 8 \;\; 4)$

Fertigungskosten je ME Endprodukt
bei der Zwischenproduktfertigung: $\vec{k}_Z \cdot B = (12 \;\; 8 \;\; 4)\begin{pmatrix} 2 & 1 & 1 \\ 1 & 0 & 2 \\ 0 & 1 & 3 \end{pmatrix} = (32 \;\; 16 \;\; 40)$

Die Fertigung aller Zwischenprodukte, die z.B. in 1 ME von E_1 enthalten sind, kostet **32** GE.

c) **Rohstoffkosten je ME Endprodukt:** $\vec{k}_R \cdot C = (60 \;\; 105 \;\; 97)$

Fertigungskosten je ME Endprodukt
bei der Zwischenproduktfertigung: $\vec{k}_Z \cdot B = (32 \;\; 16 \;\; 40)$

Fertigungskosten je ME Endprodukt
bei der Endproduktfertigung: $\vec{k}_E = (8 \;\; 10 \;\; 12)$

Variable Herstellkosten je ME Endprodukt (ohne Fixkosten)

$\vec{k}_v = (60 \;\; 105 \;\; 97) + (32 \;\; 16 \;\; 40) + (8 \;\; 10 \;\; 12) = (100 \;\; 131 \;\; 149)$

Variable Herstellkosten je ME Endprodukt

$$\vec{k}_v = \vec{k}_R \cdot C + \vec{k}_Z \cdot B + \vec{k}_E$$

Variable Herstellkosten für die Produktion von 3 ME von E_1, 5 ME von E_2 und 2 ME von E_3:

$\mathbf{K_v} = \vec{\mathbf{k}}_\mathbf{v} \cdot \vec{\mathbf{x}} = (100 \;\; 131 \;\; 149)\begin{pmatrix} 3 \\ 5 \\ 2 \end{pmatrix} = 1253$

Ergebnis: Die variablen Herstellkosten für diesen Auftrag betragen 1253 GE.

Bemerkung: Man unterscheidet:

- **Kosten** für 1 ME der Rohstoffe **(Materialkosten)** $\vec{k}_R$

  Am Beispiel: Rohstoffkostenvektor $\vec{k}_R = (8 \;\; 4 \;\; 7)$

  1 ME R_1 kostet 8 GE, 1 ME R_2 kostet 4 GE; 1 ME R_3 kostet 7 GE (**Materialkosten**)

- **Kosten** für die Fertigung von je 1 ME der **Zwischenprodukte** bzw. **Fertigungskosten in Stufe 1** $\vec{k}_Z$

  Am Beispiel: Fertigungskosten **in Stufe 1:** $\vec{k}_Z = (12 \;\; 8 \;\; 4)$

  Die Herstellung einer ME Z_1 kostet 12 GE, einer ME Z_2 8 GE und einer ME Z_3 kostet 4 GE.

- **Kosten** für die Fertigung von je 1 ME der **Endprodukte** bzw. **Fertigungskosten in Stufe 2** $\vec{k}_E$

  Am Beispiel: Fertigungskosten **in Stufe 2:** $\vec{k}_E = (8 \;\; 10 \;\; 12)$

  Die Herstellung einer ME E_1 kostet 8 GE, einer ME E_2 kostet 10 GE und einer ME E_3 kostet 12 GE.

Die Kostenvektoren sind Zeilenvektoren.

Was man wissen sollte ... über Kosten

Rohstoffkosten je ME der Rohstoffe: $\vec{k}_R$

Rohstoffkosten (Materialkosten) je ME Endprodukt: $\vec{k}_R \cdot C$

Bemerkung: Die Matrix C beschreibt, wie viele ME der Rohstoffe R_1, R_2, usw. pro ME Endprodukt gebraucht werden.

Fertigungskosten je ME Zwischenprodukt: $\vec{k}_Z$

Fertigungskosten je ME Endprodukt in Stufe 1: $\vec{k}_Z \cdot B$

Bemerkung: In Fertigungsstufe 1 werden Zwischenprodukte hergestellt.
Die Matrix B beschreibt, wie viele ME der Zwischenprodukte Z_1, Z_2, ... pro ME Endprodukt gebraucht werden.

Fertigungskosten je ME Endprodukt in Stufe 2: $\vec{k}_E$

Variable Herstellkosten $\vec{k}_v$ je ME Endprodukt: $\vec{k}_v = \vec{k}_R \cdot C + \vec{k}_Z \cdot B + \vec{k}_E$

Multiplikation von $\vec{k}_v$ mit dem Produktionsvektor $\vec{x}$ für die Endprodukte ergibt die gesamten variablen Herstellkosten für die gegebene Produktion $\vec{x}$.

Gesamte variable Herstellkosten K_v: $K_v = \vec{k}_v \cdot \vec{x}$

Ist bekannt, wie viel Rohstoffe $\vec{r}$ und wie viel Zwischenprodukte $\vec{z}$ für die Endprodukte $\vec{x}$ gebraucht werden, kann man K_v auch berechnen mit:

$$K_v = \vec{k}_v \cdot \vec{x} = (\vec{k}_R \cdot C + \vec{k}_Z \cdot B + \vec{k}_E) \cdot \vec{x}$$
$$= \vec{k}_R \cdot C \cdot \vec{x} + \vec{k}_Z \cdot B \cdot \vec{x} + \vec{k}_E \cdot \vec{x}$$

Mit $\vec{r} = C \cdot \vec{x}$ und $\vec{z} = B \cdot \vec{x}$ erhält man

K_v	=	$\vec{k}_R \cdot \vec{r}$	+	$\vec{k}_Z \cdot \vec{z}$	+	$\vec{k}_E \cdot \vec{x}$
K_v	=	K_R	+	K_Z	+	K_E
		Rohstoffkosten		**Kosten** für die Fertigung der **Zwischenprodukte**		**Kosten** für die Fertigung der **Endprodukte**

Die **Gesamtkosten K** ergeben sich aus den **variablen Herstellkosten K_v** und den **Fixkosten K_{fix}**: $K = K_v + K_{fix}$

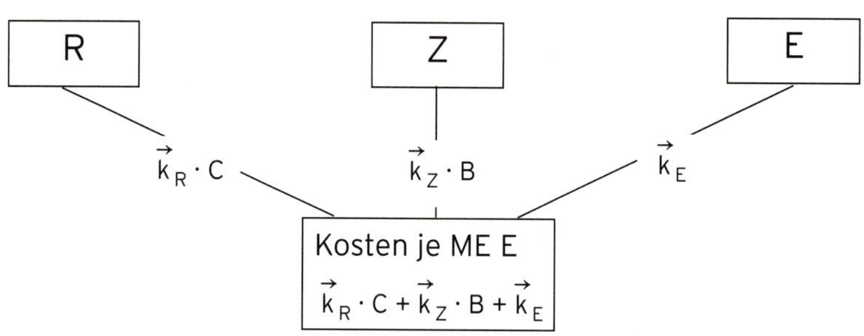

Gewinnermittlung

Beispiel

In einer Großkonditorei werden täglich drei verschiedene Torten gebacken. Dafür werden aus den drei Zutaten Ei, Mehl, Butter zwei verschiedene Teige und eine Creme hergestellt. Den Materialbedarf in Mengeneinheiten (ME) zeigen folgende Tabellen (Bei den Torten ist 1 ME dasselbe wie 1 Torte):

	Torte 1	Torte 2	Torte 3
Teig 1	2	2	1
Teig 2	1	1	1
Creme	2	1	2

	Torte 1	Torte 2	Torte 3
Ei	19	18	19
Mehl	10	10	9
Butter	15	17	19

Die Großkonditorei kalkuliert mit folgenden Kosten (in Geldeinheiten GE):

$\vec{k}_R = (0{,}1 \;\; 0{,}2 \;\; 0{,}6)$ Kosten für je eine ME der Zutaten,
$\vec{k}_Z = (0{,}8 \;\; 1{,}0 \;\; 0{,}6)$ Fertigungskosten je ME Teig/Creme,
$\vec{k}_E = (3 \;\; 5 \;\; 7)$ Fertigungskosten je Torte.

Die täglichen Fixkosten liegen bei 1200 GE.

Wie hoch sind die variablen Herstellkosten, wenn 100 Torten 1, 150 Torten 2 und 120 Torten 3 produziert werden?

Welche Kosten entfallen auf jede dieser Torten durchschnittlich? Wie hoch ist der Gewinn, wenn Torte 1 für 30 GE, Torte 2 für 35 GE und Torte 3 für 30 GE verkauft werden?

Lösung

Es gilt: **Variable Herstellkosten je ME der Endprodukte:**

$$\vec{k}_v = \vec{k}_R \cdot C + \vec{k}_Z \cdot B + \vec{k}_E$$

$$\vec{k}_v = (0{,}1 \;\; 0{,}2 \;\; 0{,}6) \cdot \begin{pmatrix} 19 & 18 & 19 \\ 10 & 10 & 9 \\ 15 & 17 & 19 \end{pmatrix} + (0{,}8 \;\; 1{,}0 \;\; 0{,}6) \cdot \begin{pmatrix} 2 & 2 & 1 \\ 1 & 1 & 1 \\ 2 & 1 & 2 \end{pmatrix} + (3 \;\; 5 \;\; 7)$$

$$\vec{k}_v = (12{,}9 \;\; 14 \;\; 15{,}1) + (3{,}8 \;\; 3{,}2 \;\; 3{,}0) + (3 \;\; 5 \;\; 7)$$

$$\vec{k}_v = (19{,}7 \;\; 22{,}2 \;\; 25{,}1)$$

Variable Herstellkosten für den Auftrag: $K_v = (\vec{k}_R \cdot C + \vec{k}_Z \cdot B + \vec{k}_E)\,\vec{x}$

$$K_v = (19{,}7 \;\; 22{,}2 \;\; 25{,}1) \cdot \begin{pmatrix} 100 \\ 150 \\ 120 \end{pmatrix} = 8312$$

Die variablen Herstellkosten betragen 8312 GE.

Gesamtkosten: $K = K_v + K_{fix} = 8312 + 1200 = 9512$

Durchschnittliche Kosten pro Torte: $\frac{9512}{370} = 25{,}71$

Auf jede dieser 370 Torten entfallen etwa 26 GE an Kosten.

Einnahmen (Erlöse): $E = (30 \;\; 35 \;\; 30) \cdot \begin{pmatrix} 100 \\ 150 \\ 120 \end{pmatrix} = 11\,850$

Gewinn: $G = E - K = 11\,850 - 9512 = 2338$

Der Gewinn beträgt 2338 GE.

Beispiel

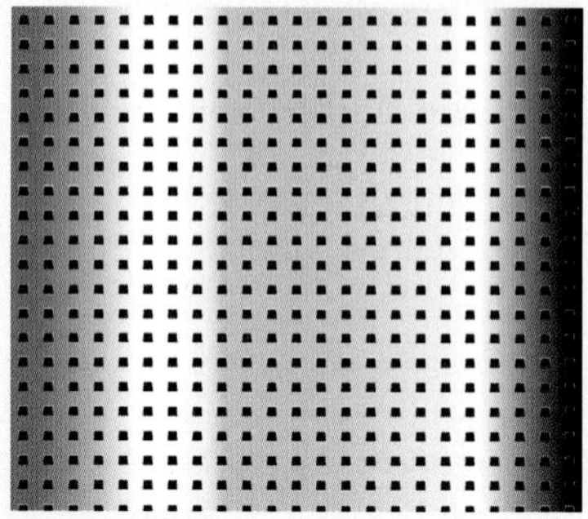

➲ Die Metallbausparte von Waldner fertigt aus drei Rohstoffen R_1, R_2 und R_3 die Zwischenprodukte Z_1, Z_2 und Z_3 und aus diesen die Endprodukte E_1, E_2 und E_3. Die folgenden Tabellen geben den Bedarf an Rohstoffen für je 1 ME der Zwischenprodukte bzw. den Bedarf an Zwischenprodukten für je 1 ME der Endprodukte an.

	Z_1	Z_2	Z_3
R_1	1	2	4
R_2	4	2	4
R_3	6	4	1

	E_1	E_2	E_3
Z_1	3	3	4
Z_2	4	3	2
Z_3	3	7	5

Die Kosten in Geldeinheiten (GE) pro ME für die Rohstoffe, die Kosten für die Fertigung der Zwischenprodukte und die Kosten für die Produktion der Endprodukte sind durch folgende Vektoren gegeben: $\vec{k}_R = (3\ \ 4\ \ 6)$; $\vec{k}_Z = (14\ \ 16\ \ 15)$; $\vec{k}_E = (65\ \ 80\ \ 75)$.

a) Für einen Auftrag über 20 ME von E_1, 10 ME von E_2 und 30 ME von E_3 betragen die Fixkosten 7000 GE. Berechnen Sie die Rohstoffkosten und die Herstellkosten der Zwischenprodukte.
Die Verkaufspreise je ME betragen für E_1 740 GE, für E_2 750 GE und für E_3 980 GE. Berechnen Sie den Gewinn für diesen Auftrag.

b) In einer Werbeaktion kalkuliert der Betrieb bei dem Auftrag aus Teilaufgabe a) kostendeckend. Der Verkaufspreis in Geldeinheiten (GE) je ME von E_1 soll doppelt so hoch sein wie der von E_2 und der von E_3 um 6 GE höher als der von E_2.
Wie müssen die Preise festgesetzt werden?

Lösung

a) **Kosten K_E für die Fertigung der Endprodukte:** $\quad \mathbf{K_E = \vec{k}_E \cdot \vec{x}}$

$$K_E = \vec{k}_E \cdot \vec{x} = (65\ \ 80\ \ 75)\begin{pmatrix}20\\10\\30\end{pmatrix} = 4350$$

Kosten K_Z für die Fertigung der Zwischenprodukte: $\quad \mathbf{K_Z = \vec{k}_Z \cdot \vec{z}}$

$\vec{z}$ ist der Produktionsvektor für die Zwischenprodukte.

Um die Kosten K_Z zu bestimmen, muss man zuerst die für den Auftrag benötigten Zwischenprodukte $\vec{z}$ berechnen: $\vec{z} = B \cdot \vec{x} = \begin{pmatrix}3&3&4\\4&3&2\\3&7&5\end{pmatrix}\begin{pmatrix}20\\10\\30\end{pmatrix} = \begin{pmatrix}210\\170\\280\end{pmatrix}$

Kosten K_Z: $K_Z = \vec{k}_Z \cdot \vec{z} = (14\ \ 16\ \ 15)\begin{pmatrix}210\\170\\280\end{pmatrix} = 9860$

Kosten K_R für die Rohstoffe: $\quad \mathbf{K_R = \vec{k}_R \cdot \vec{r}}$

$\vec{r}$ ist der Verbrauchsvektor für die Rohstoffe.

Für diesen Auftrag benötigte Rohstoffe: $\vec{r} = A \cdot \vec{z} = \begin{pmatrix}1&2&4\\4&2&4\\6&4&1\end{pmatrix}\begin{pmatrix}210\\170\\280\end{pmatrix} = \begin{pmatrix}1670\\2300\\2220\end{pmatrix}$

(benötigte Rohstoffe für die Herstellung der Zwischenprodukte).

4 Ein Pharmaunternehmen stellt aus drei Rohstoffen R_1, R_2 und R_3 drei verschiedene Grundsubstanzen Z_1, Z_2 und Z_3 und daraus drei verschiedene Kreislaufmittel E_1, E_2 und E_3 her.

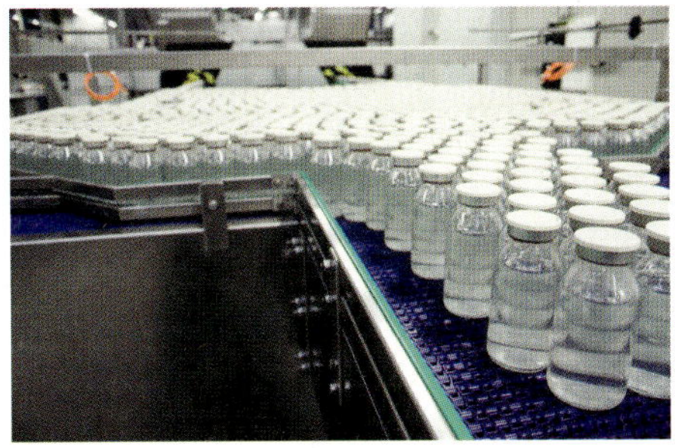

In den folgenden Tabellen ist der Materialfluss pro Mengeneinheit (ME) des jeweiligen Folgeprodukts dargestellt.

	E_1	E_2	E_3
Z_1	2	1	3
Z_2	1	5	1
Z_3	2	4	0

	E_1	E_2	E_3
R_1	12	30	10
R_2	5	10	4
R_3	22	47	13

Die Rohstoffkosten je ME und die Fertigungskosten der Zwischen- und Endprodukte je ME entnehmen Sie folgender Tabelle (alle Angaben in GE):

R_1	R_2	R_3	Z_1	Z_2	Z_3	E_1	E_2	E_3
3	2	1	10	8	6	22	34	31

Das Unternehmen erhält einen Auftrag über 200 ME von E_1, 150 ME von E_2 und 300 ME von E_3 und rechnet mit Fixkosten von 14100 GE.
Das Endprodukt E_1 wird zu 180 GE je ME, E_2 zu 205 GE je ME und das Endprodukt E_3 zu 185 GE je ME verkauft.
Wie hoch ist der Gewinn bei diesem Auftrag?

5 Ein Hersteller von Personalcomputern fertigt aus den Bauteilen R_1, R_2 und R_3 die Baugruppen Z_1, Z_2 und Z_3 und daraus drei Typen von Computern E_1, E_2 und E_3. Die folgenden Matrizen geben den Materialfluss in Stück an.

$B_{ZE} = \begin{pmatrix} 3 & 1 & 1 \\ 2 & 5 & 2 \\ 2 & 4 & 5 \end{pmatrix}$; $C_{RE} = \begin{pmatrix} 20 & 22 & 18 \\ 10 & 10 & 12 \\ 10 & 24 & 13 \end{pmatrix}$

Die Fertigungskosten in € je Baugruppe betragen $\vec{k}_Z = (12 \quad 15 \quad 12)$, die Fertigungskosten in €, die je Stück eines Computertyps bei der Montage der Baugruppen anfallen, betragen $\vec{k}_E = (86 \quad 103 \quad 138)$.
Für einen Auftrag über 200 Stück E_1, 280 Stück E_2 und 220 Stück E_3 betragen die fixen Kosten 10 920 €. E_1 wird für 360 € je Stück, E_2 für 520 € je Stück verkauft.
Die variablen Herstellkosten je Computertyp sind $\vec{k}_v = (296 \quad 420 \quad 370)$.

a) Mit welchen Kosten in € kalkuliert der Hersteller für die Bauteile R_1, R_2 und R_3?

b) Die Leitung erwartet einen Gewinn von 25 % der Gesamtkosten.
Wie lässt sich diese Vorgabe erfüllen?

6 Eine Motorenfabrik stellt aus den Rohstoffen R_1, R_2 und R_3 in der ersten Produktionsstufe die Zwischenprodukte Z_1 und Z_2 her. Aus diesen werden in der zweiten Produktionsstufe die Endprodukte E_1, E_2 und E_3 hergestellt.

Das Diagramm zeigt den Materialfluss in Mengeneinheiten (ME).

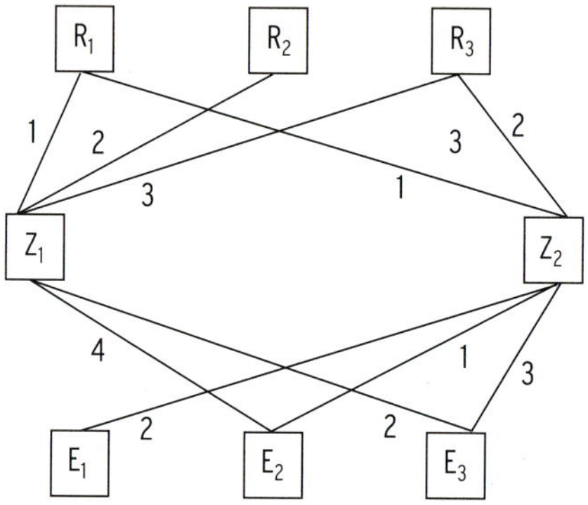

a) Bestimmen Sie die Matrix, die den Rohstoffverbrauch pro ME der Endprodukte angibt.

b) Wie viel ME der einzelnen Rohstoffe benötigt die Fabrik, um 10 ME von E_1, 5 ME von E_2 und 4 ME von E_3 herzustellen?

c) Die Rohstoffkosten je ME und die Fertigungskosten der Zwischen- und Endprodukte je ME entnehmen Sie folgender Tabelle (alle Angaben in €):

R_1	R_2	R_3	Z_1	Z_2	E_1	E_2	E_3
0,3	0,5	0,6	0,1	0,2	0,05	0,1	0,15

Für einen Auftrag über 50 ME von E_1, 60 ME von E_2 und 45 ME von E_3 betragen die fixen Kosten 120 €.

Das Endprodukt E_1 wird zum Preis von 12 € je ME, das Endprodukt E_2 zum Preis von 15 € je ME und das Endprodukt E_3 zum Preis von 20 € je ME verkauft.

Analysieren Sie die Gewinnsituation für diesen Auftrag.

d) Nach Abschluss des Auftrags ergeben sich folgende Rohstoffbestände:

R_1	R_2	R_3
40	88	16

Die Leitung möchte wissen, ob die Rohstoffbestände vollständig zur Produktion von Zwischenprodukten aufgebraucht werden können.

Test zur Überprüfung Ihrer Grundkenntnisse

1 Berechnen Sie.

a) $(40\ \ 10\ \ 22)\begin{pmatrix}12{,}30\\4{,}50\\18{,}40\end{pmatrix}$

b) $(0{,}3\ \ 1\ \ 0{,}2)\begin{pmatrix}1&2&4\\1&2&5\\1&1&1\end{pmatrix}\begin{pmatrix}100\\50\\120\end{pmatrix}$

2 Eine Spielzeugfabrik stellt aus drei verschiedenen Kunststoffgranulaten K_1, K_2 und K_3 drei Bauteile B_1, B_2 und B_3 her. Diese werden in drei verschiedene Spielsets S_1, S_2, und S_3 verpackt. Den Materialbedarf in Mengeneinheiten (ME) zeigen folgende Tabellen:

	B_1	B_2	B_3
K_1	2	0	2
K_2	1	2	2
K_3	1	2	0

	S_1	S_2	S3
B_1	1	1	0
B_2	1	0	2
B3	0	4	3

a) Erstellen Sie eine Tabelle, die den Granulatbedarf für die Spielsets zeigt.

b) Ein Auftrag über 10 ME S_1, 12 ME S_2 und 17 ME S_3 soll möglichst schnell ausgeführt werden können. Wie viele ME an Kunststoffgranulaten muss der Betrieb dazu vorrätig haben?

c) Ein Kunde bestellt 20 ME S_1, 30 ME S_2 und 100 ME S_3. Die variablen Herstellkosten je Spielset betragen 10 GE für S_1, 8 GE für S_2 und 12,5 GE für S_3.
Die Fixkosten betragen 200 GE.
Für welchen Preis je Spielset wird Kostendeckung erzielt, wenn der Preis für die Spielsets jeweils gleich sein soll?

3 Die Großbäckerei Korn verarbeitet Weizenmehl, Roggenmehl, Mineralwasser und sonstige Rohstoffe zu den drei Zwischenprodukten Weißbrotteig, Schwarzbrotteig und Mischteig, aus denen die drei Endprodukte Baguette, Bauernbrot und Brötchen gemäß folgender Tabellen hergestellt werden:

	Baguette	Bauernbrot	Brötchen
Weizenmehl	15	8	11
Roggenmehl	12	6	6
Mineralwasser	9	7	7

	Baguette	Bauernbrot	Brötchen
Weißbrotteig	2	2	3
Schwarzbrotteig	1	0	2
Mischteig	5	3	1

a) Im Lager befinden sich noch 3240 ME Weizenmehl, 2280 ME Roggenmehl und 2160 ME Mineralwasser. Wie viele ME der Backwaren können hergestellt werden, wenn alle Lagerbestände aufgebraucht werden sollen?

b) Zeigen Sie: $M = \frac{1}{15}\begin{pmatrix}-6&7&4\\9&-13&-1\\3&4&-2\end{pmatrix}$ ist die Inverse der Zwischenprodukt-Endprodukt-Matrix.

Berechnen Sie, wie viele ME Weizenmehl für je eine ME Weißbrotteig, Schwarzbrotteig und Mischteig benötigt werden.

IV Übergangsprozesse

Modellierung einer Situation

Für die zukünftige Marktpositionierung ihrer Automodelle hat ein großes Automobilunternehmen eine Untersuchung über Käuferwanderungen zwischen den verschiedenen Automodellen erstellen lassen. Das Kaufverhalten für die Modelle auf dem deutschen und dem europäischen Markt sah zu Beginn der Untersuchung wie folgt aus:

Tabelle 1	Käufer Benzinfahrzeug	Käufer Dieselfahrzeug	Käufer Erdgasfahrzeug
Deutschland	0,45	0,35	0,20

Weitere Ergebnisse zur Untersuchung der Käuferwanderung werden in Tabelle 2 dargestellt.

Tabelle 2 nach \ von	Käufer Benzinfahrzeug	Käufer Dieselfahrzeug	Käufer Erdgasfahrzeug
Käufer Benzinfahrzeug	0,48	0,22	0,05
Käufer Dieselfahrzeug	a	0,48	0,45
Käufer Erdgasfahrzeug	0,04	b	c

Ermitteln Sie für Tabelle 2 die Koeffizienten a, b und c.
Interpretieren Sie die Bedeutung der Zeileneintragungen in Tabelle 2 allgemein und anhand eines Beispiels.
Berechnen Sie, wie die Käuferwanderung in Deutschland nach einem Jahr aussieht, und erstellen Sie das zugehörige Übergangsdiagramm.

Prüfen Sie, ob sich das stabile Kaufverhalten der deutschen Konsumenten beschreiben lässt durch: 23 % aller Käufer erwerben ein Benzinfahrzeug, 47 % ein Dieselfahrzeug und 30 % ein Erdgasfahrzeug.
Interpretieren Sie Ihr Ergebnis.

Bearbeiten Sie diese Situation nach Abschluss des Kapitels „Übergangsprozesse", in dem Sie die rechts aufgeführten **Qualifikationen und Kompetenzen** erworben haben.

Qualifikationen & Kompetenzen

- Informationen in Matrixform bringen und als Diagramm darstellen
- Stochastische und zyklische Prozesse veranschaulichen
- Verteilungen berechnen
- Eine stabile Verteilung ermitteln

1 Einführung

In diesem Kapitel werden Austauschprozesse mithilfe von Übergangsmatrizen beschrieben.
In einem Austauschprozess ändert sich ein bestehender Zustand.
In der Marktforschung z. B. bedient man sich solcher Matrizen, um aus erfassten Daten Schlüsse für das weitere Verhalten der Kunden (Markentreue, Markenwechsel) zu ziehen.

Beispiel

➲ Der Bahnhofskiosk verkauft wöchentlich 75 Exemplare der zwei Nachrichtenmagazine S und F. Die Kunden kaufen wöchentlich ein Magazin. Dabei bleiben 70 % der S-Leser und 80 % der F-Leser ihrem Magazin treu.

a) Zeichnen Sie einen Übergangsgraphen und bestimmen Sie die Übergangsmatrix.

b) Bestimmen Sie die Verkaufszahlen in der folgenden Woche, wenn in der jetzigen Woche 40 S-Magazine und 35 F-Magazine verkauft werden.

Lösung

a) **Übergangsgraph:**

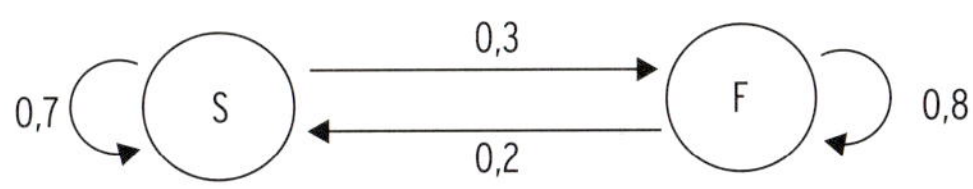

Übergangstabelle:

von / zu	S	F
S	0,7	0,2
F	0,3	0,8

Übergangsmatrix:

$$A = \begin{pmatrix} 0{,}7 & 0{,}2 \\ 0{,}3 & 0{,}8 \end{pmatrix}$$

Hinweis: Ein Leser von Magazin S kauft mit einer Wahrscheinlichkeit von 70 % wieder das Magazin S und mit einer Wahrscheinlichkeit von 30 % das Magazin F.
Ein Leser von Magazin F kauft mit einer Wahrscheinlichkeit von 80 % wieder das Magazin F und mit einer Wahrscheinlichkeit von 20 % das Magazin S.
Übergangsgraph und **Übergangsmatrix** beschreiben den Übergang von einem Zustand in den nächsten.

b) Verkaufszahlen in der folgenden Woche
für das S-Magazin: 70 % von 40 + 20 % von 35 = 35
für das F-Magazin: 30 % von 40 + 80 % von 35 = 40

Kurzform mit Matrizen: $\begin{pmatrix} 0{,}7 & 0{,}2 \\ 0{,}3 & 0{,}8 \end{pmatrix} \cdot \begin{pmatrix} 40 \\ 35 \end{pmatrix} = \begin{pmatrix} 35 \\ 40 \end{pmatrix} = \vec{x}_1$ (Startvektor $\vec{x}_0 = \begin{pmatrix} 40 \\ 35 \end{pmatrix}$)

In der folgenden Woche Woche werden 35 S-Magazine und 40 F-Magazine verkauft.
Die Verkaufszahl der S-Magazine nimmt ab, die der F-Magazine nimmt zu.
Die Gesamtzahl der verkauften Magazine bleibt bei 75.

Beispiel

➲ Bei einer Säugetierart können die jährlichen Änderungen in einer aus drei Alterstufen L1, L2 und L3 bestehenden Population durch die folgende Übergangsmatrix beschrieben werden:

$$A = \begin{pmatrix} 0 & 0 & 8 \\ 0{,}5 & 0 & 0 \\ 0 & 0{,}2 & 0 \end{pmatrix}$$

a) Zeichnen Sie einen Übergangsgraphen und erläutern Sie.

b) Wie entwickelt sich die jetzige Population von 1000 Tieren in L1, 500 Tieren in L2 und 100 Tieren in L3 nach einem Jahr bzw nach zwei Jahren?

Lösung

a) **Übergangsgraph:**

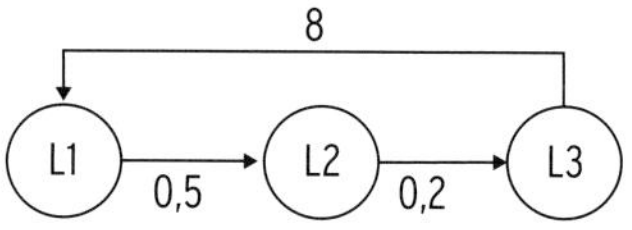

Erläuterung: 50 % der Tiere in L1 kommen in einem Jahr in L2,
20 % der Tiere in L2 kommen in einem Jahr in L3,
jedes Tier in L3 hat 8 Nachkommen.

b) **Population nach einem Jahr:**

Tiere in L1 (Nachkommen von Tieren in L3): $8 \cdot 100 = 800$

100 Tiere in L3 haben 800 Nachkommen.

Tiere in L2: 50 % von 1000 = 500

Tiere in L3: 20 % von 500 = 100

Multipliziert man die Übergangsmatrix mit dem Startvektor $\vec{x}_0 = \begin{pmatrix} 1000 \\ 500 \\ 100 \end{pmatrix}$,

so erhält man: $\begin{pmatrix} 0 & 0 & 8 \\ 0{,}5 & 0 & 0 \\ 0 & 0{,}2 & 0 \end{pmatrix} \cdot \begin{pmatrix} 1000 \\ 500 \\ 100 \end{pmatrix} = \begin{pmatrix} 800 \\ 500 \\ 100 \end{pmatrix} = \vec{x}_1$.

Nach einem Jahr sind 800 Tiere in L1, 500 Tiere in L2 und 100 Tiere in L3.

Population nach zwei Jahren:

Multipliziert man die Übergangsmatrix mit dem Verteilungsvektor $\vec{x}_1 = \begin{pmatrix} 800 \\ 500 \\ 100 \end{pmatrix}$,

so erhält man: $\begin{pmatrix} 0 & 0 & 8 \\ 0{,}5 & 0 & 0 \\ 0 & 0{,}2 & 0 \end{pmatrix} \cdot \begin{pmatrix} 800 \\ 500 \\ 100 \end{pmatrix} = \begin{pmatrix} 800 \\ 400 \\ 100 \end{pmatrix} = \vec{x}_2$.

Nach einem Jahr sind 800 Tiere in L1, 400 Tiere in L2 und 100 Tiere in L3.

Hinweis: $\vec{x}_3 = \begin{pmatrix} 800 \\ 400 \\ 80 \end{pmatrix}$ erhärtet die Vermutung, dass die Population ausstirbt.

2 Stochastische Übergangsprozesse

2.1 Stochastische Matrix

Eine **stochastische Matrix** als Übergangsmatrix beschreibt die Wahrscheinlichkeiten, mit denen sich ein bestehender Zustand verändert.
Dadurch lassen sich künftige Entwicklungen vorausberechnen.

Beispiel

➲ In einem Zweiparteienstaat mit den Parteien PS und PP haben langfristige Beobachtungen des Verhaltens der Bürger bei einer Wahl ergeben, dass 70 % der Wähler von Partei PS und 80 % der Wähler von Partei PP ihrer Partei treu bleiben. Die Wähler von Partei PS wechseln zu 30 % zur Partei PP, während sich umgekehrt 20 % der Wähler von Partei PP bei der folgenden Wahl für die Partei PS entscheiden.

a) Geben Sie die zugehörige Übergangsmatrix an.

b) Bei der letzten Wahl erhielt die Partei PS 25 % und Partei PP 75 % aller Stimmen. Bestimmen Sie die zu erwartende Stimmenverteilung nach der nächsten und der übernächsten Wahl.

Lösung

a) **Übergangsgraph:**

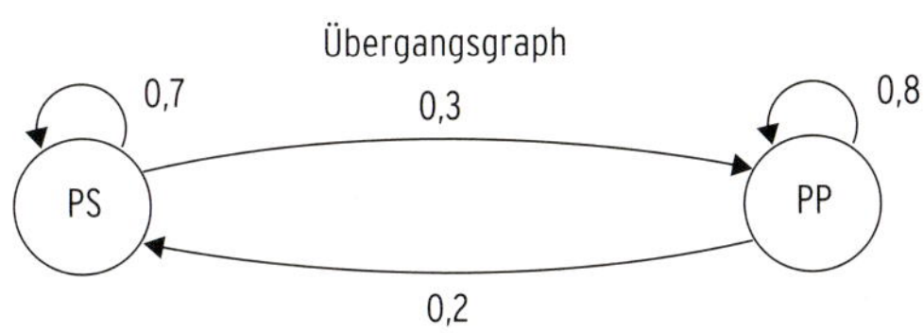

Übergangstabelle:

von / zu	PS	PP
PS	0,7	0,2
PP	0,3	0,8

0,7; 0,3; ... lassen sich als Wahrscheinlichkeiten interpretieren.

Übergangsmatrix:

$$A = \begin{pmatrix} 0{,}7 & 0{,}2 \\ 0{,}3 & 0{,}8 \end{pmatrix}$$

stochastische Matrix

Hinweis: Die 1. Spalte bedeutet: 70 % der Wähler von PS wählen wieder PS.
30 % der Wähler von PS wechseln zur Partei PP.

Die Elemente der Hauptdiagonalen von A geben die Wahrscheinlichkeit an, dass ein Wähler bei der nächsten Wahl wieder die gleiche Partei wählt.
Dieser **Übergangsprozess** ist ein **stochastischer Prozess.**

Beachten Sie:

Eine **stochastische Matrix** A ist **quadratisch** und hat nur **nichtnegative** Elemente.
Die **Summe der Elemente in jeder Spalte** ist 1.

b) Für die Stimmverteilung nach der **nächsten** Wahl gilt:

Für Partei PS: $0{,}7 \cdot 0{,}25 + 0{,}2 \cdot 0{,}75 = 0{,}325$

und für PP: $0{,}3 \cdot 0{,}25 + 0{,}8 \cdot 0{,}75 = 0{,}675$

Hinweis: Der Startvektor beschreibt die **Anfangsverteilung,** den **Anfangszustand.**

Mit dem Startvektor (Anfangsverteilung) $\vec{x}_0 = \begin{pmatrix} 0{,}25 \\ 0{,}75 \end{pmatrix}$

erhält man: $A \cdot \vec{x}_0 = \begin{pmatrix} 0{,}7 & 0{,}2 \\ 0{,}3 & 0{,}8 \end{pmatrix} \cdot \begin{pmatrix} 0{,}25 \\ 0{,}75 \end{pmatrix} = \begin{pmatrix} 0{,}325 \\ 0{,}675 \end{pmatrix} = \vec{x}_1$

Nach der nächsten Wahl hat die Partei PS voraussichtlich 32,5 %, die Partei PP 67,5 % aller Stimmen.

Stimmverteilung nach der **übernächsten** Wahl:

Mit dem Verteilungsvektor $\vec{x}_1 = \begin{pmatrix} 0{,}325 \\ 0{,}675 \end{pmatrix}$

erhält man: $A \cdot \vec{x}_1 = \begin{pmatrix} 0{,}7 & 0{,}2 \\ 0{,}3 & 0{,}8 \end{pmatrix} \cdot \begin{pmatrix} 0{,}325 \\ 0{,}675 \end{pmatrix} = \begin{pmatrix} 0{,}3625 \\ 0{,}6375 \end{pmatrix} = \vec{x}_2$

Nach der übernächsten Wahl hat die Partei PS voraussichtlich 36,25 %, die Partei PP 63,75 % aller Stimmen.

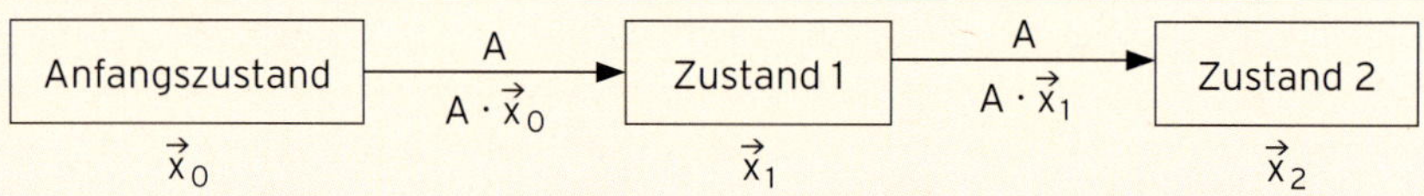

Oder:

Mit dem Startvektor $\vec{x}_0$ erhält man $\vec{x}_2 = A \cdot \vec{x}_1 = A \cdot A \cdot \vec{x}_0$

Mit $A \cdot A = A^2$: $\vec{x}_2 = A^2 \vec{x}_0$

Berechnung von A^2: $\begin{pmatrix} 0{,}7 & 0{,}2 \\ 0{,}3 & 0{,}8 \end{pmatrix} \cdot \begin{pmatrix} 0{,}7 & 0{,}2 \\ 0{,}3 & 0{,}8 \end{pmatrix} = \begin{pmatrix} 0{,}55 & 0{,}3 \\ 0{,}45 & 0{,}7 \end{pmatrix}$

Hinweis: Die 1. Spalte bedeutet für die übernächste Wahl: 55 % der Wähler von PS wählen wieder PS. 45 % der Wähler von PS wechseln zur Partei PP.

Mit dem Startvektor: $\vec{x}_0 = \begin{pmatrix} 0{,}25 \\ 0{,}75 \end{pmatrix}$

erhält man $\vec{x}_2 = \begin{pmatrix} 0{,}55 & 0{,}3 \\ 0{,}45 & 0{,}7 \end{pmatrix} \cdot \begin{pmatrix} 0{,}25 \\ 0{,}75 \end{pmatrix} = \begin{pmatrix} 0{,}3625 \\ 0{,}6375 \end{pmatrix}$.

Bei der übernächsten Wahl wird mit einer Wahrscheinlichkeit von 36,25 % die Partei PS, mit einer Wahrscheinlichkeit von 63,75 % die Partei PP gewählt.

Allgemein gilt:

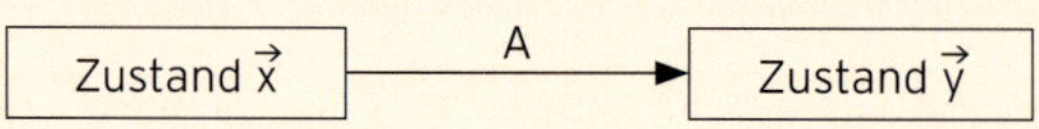

Aus Zustand $\vec{x}$ wird mithilfe der Matrix A der Zustand $\vec{y}$: $A \cdot \vec{x} = \vec{y}$.

Beispiel

➲ In einer Stadt mit den Theatern S und T stellt man durch Befragung folgendes fest: 70 % der Besucher von S kommen beim nächsten Mal wieder, der Rest besucht das Theater T. 60 % der Besucher von T kommen beim nächsten Mal wieder, der Rest geht ins Theater S.

a) Stellen Sie die Übergangsmatrix für diesen Prozess auf.

b) Im Theater S sind heute 100 Besucher, im Theater T 120 Besucher. Bestimmen Sie die voraussichtlichen Besucherzahlen bei der nächsten und der übernächsten Aufführung.

Lösung

Übergangsmatrix: $A = \begin{pmatrix} 0{,}7 & 0{,}4 \\ 0{,}3 & 0{,}6 \end{pmatrix}$

Für die Verteilung beim **nächsten Besuch** gilt

in Theater S: $0{,}7 \cdot 100 + 0{,}4 \cdot 120 = 118$

und in Theater T: $0{,}3 \cdot 100 + 0{,}6 \cdot 120 = 102$

In Matrixschreibweise: $\begin{pmatrix} 0{,}7 & 0{,}4 \\ 0{,}3 & 0{,}6 \end{pmatrix} \cdot \begin{pmatrix} 100 \\ 120 \end{pmatrix} = \begin{pmatrix} 118 \\ 102 \end{pmatrix}$

Bei der nächsten Aufführung sind im Theater S 118 und im Theater T 102 Besucher.
Die **Gesamtzahl der Besucher** bleibt gleich, da in der Übergangsmatrix jeweils die **Spaltensumme 1** ist.

Besucherzahlen beim zweimaligen Wechsel: $\begin{pmatrix} 0{,}7 & 0{,}4 \\ 0{,}3 & 0{,}6 \end{pmatrix} \cdot \begin{pmatrix} 118 \\ 102 \end{pmatrix} = \begin{pmatrix} 123{,}4 \\ 96{,}6 \end{pmatrix}$

Beim zweimaligen Wechsel sind im Theater S 123 und im Theater T 97 Besucher.

Oder:

Verteilung beim zweimaligen Wechsel:

Aus $\vec{x}_2 = A \cdot \vec{x}_1 = A \cdot A \cdot \vec{x}_0$ ergibt sich $\vec{x}_2 = A^2 \vec{x}_0$.

Berechnung von A^2: $A^2 = \begin{pmatrix} 0{,}7 & 0{,}4 \\ 0{,}3 & 0{,}6 \end{pmatrix} \cdot \begin{pmatrix} 0{,}7 & 0{,}4 \\ 0{,}3 & 0{,}6 \end{pmatrix} = \begin{pmatrix} 0{,}61 & 0{,}52 \\ 0{,}39 & 0{,}48 \end{pmatrix}$

und damit $\begin{pmatrix} 0{,}61 & 0{,}52 \\ 0{,}39 & 0{,}48 \end{pmatrix} \cdot \begin{pmatrix} 100 \\ 120 \end{pmatrix} = \begin{pmatrix} 123{,}4 \\ 96{,}6 \end{pmatrix}$.

Erläuterung: 0,39 ist die Wahrscheinlichkeit, dass ein Besucher von S bei seinem übernächsten Theaterbesuch das Theater T aufsucht.

Hinweis: Da man für diesen Austauschprozess immer die gleiche Übergangsmatrix verwendet, bezeichnet man die Zustandsfolge $\vec{x}_0 = \begin{pmatrix} 100 \\ 120 \end{pmatrix}$; $\vec{x}_1 = \begin{pmatrix} 118 \\ 102 \end{pmatrix}$; $\vec{x}_2 = \begin{pmatrix} 123{,}4 \\ 96{,}6 \end{pmatrix}$; … als **Markowkette.**

Beispiel

In der Nähe von zwei Supermärkten S_1 und S_2 wird ein neuer Supermarkt S_3 eröffnet. Bisher waren die beiden Supermärkte S_1 und S_2 die einzigen großen Einkaufsmärkte in der Umgebung.
S_1 hatte einen Marktanteil von 60 %, S_2 einen Marktanteil von 40 %.
Die Marktforschung rechnet mit folgenden wöchentlichen Kundenwanderungen:
In jeder Woche werden 20 % der bisherigen Kunden von S_1 zu S_3 und 30 % der Kunden von S_2 zu S_3 wechseln. Außerdem werden 10 % der Kunden von S_3 wieder zu S_1 und 10 % zu S_2 wechseln.

a) Stellen Sie die Kundenwanderung in einem Übergangsgraphen dar.
Erstellen Sie die Übergangsmatrix A, die die Kundenwanderung beschreibt.

b) Berechnen Sie den Marktanteil für jeden der drei Märkte aufgrund der ermittelten Kundenwanderung nach zwei Wochen.

Lösung

a) Unter der **Kundenwanderung** versteht man den Anteil der Kunden, die pro Woche von einem Markt zu einem anderen wechseln.
Der untersuchte Kundenkreis kauft entweder bei S_1 oder S_2 oder S_3 ein.

Das **Übergangsverhalten** lässt sich mithilfe eines Diagramms darstellen:
Übergangsgraph:

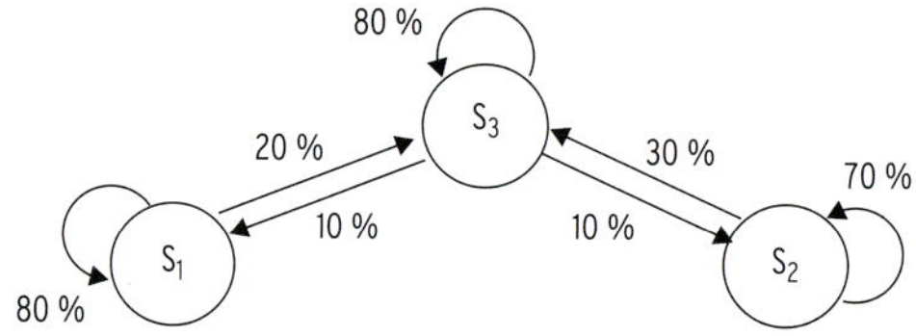

Übergangstabelle:

nach \ von	S_1	S_2	S_3
S_1	0,8	0	0,1
S_2	0	0,7	0,1
S_3	0,2	0,3	0,8

Übergangsmatrix A:

$$A = \begin{pmatrix} 0{,}8 & 0 & 0{,}1 \\ 0 & 0{,}7 & 0{,}1 \\ 0{,}2 & 0{,}3 & 0{,}8 \end{pmatrix}$$

Erläuterung:
Die 1. Spalte der Matrix A bedeutet, dass 80 % der Kunden von S_1 dem Supermarkt S_1 treu bleiben, niemand von S_1 zu S_2 und 20 % der Kunden von S_1 zu S_3 wechseln.
Die 2. Zeile von A bedeutet, dass kein Kunde von S_1 zu S_2 wechselt, 70 % der Kunden von S_2 weiterhin in ihrem Markt S_2 einkaufen und 10 % von S_3 zum Markt S_2 wechseln.

b) S_1 hatte einen Marktanteil von 60 % und S_2 einen Marktanteil von 40 %, d. h., die **Anfangsverteilung** ist $\vec{x}_0 = \begin{pmatrix} 0{,}6 \\ 0{,}4 \\ 0 \end{pmatrix}$ (Startvektor).

Berechnung der **Verteilung nach der 1. Woche** durch Multiplikation von A mit der Anfangsverteilung:

$$A \cdot \vec{x}_0 = \begin{pmatrix} 0{,}8 & 0 & 0{,}1 \\ 0 & 0{,}7 & 0{,}1 \\ 0{,}2 & 0{,}3 & 0{,}8 \end{pmatrix} \cdot \begin{pmatrix} 0{,}6 \\ 0{,}4 \\ 0 \end{pmatrix} = \begin{pmatrix} 0{,}48 \\ 0{,}28 \\ 0{,}24 \end{pmatrix} = \vec{x}_1$$

Marktanteil für jeden der drei Märkte nach einer Woche:
48 % für Markt S_1, 28 % für Markt S_2 und 24 % für Markt S_3.

Für die **Marktanteile nach der 2. Woche** gilt:

$$A \cdot \vec{x}_1 = \begin{pmatrix} 0{,}8 & 0 & 0{,}1 \\ 0 & 0{,}7 & 0{,}1 \\ 0{,}2 & 0{,}3 & 0{,}8 \end{pmatrix} \cdot \begin{pmatrix} 0{,}48 \\ 0{,}28 \\ 0{,}24 \end{pmatrix} = \begin{pmatrix} 0{,}408 \\ 0{,}22 \\ 0{,}372 \end{pmatrix} = \vec{x}_2$$

Marktanteil für jeden der drei Märkte nach zwei Wochen:
40,8 % für Markt S_1, 22 % für Markt S_2 und 37,2 % für Markt S_3.
Die Kundenverteilung der aktuellen Woche erhält man, indem man die Kundenverteilung der Vorwoche mit der Übergangsmatrix A multipliziert:

$$\vec{x}_1 = A \cdot \vec{x}_0$$
$$\vec{x}_2 = A \cdot \vec{x}_1 = A \cdot A \cdot \vec{x}_0 = A^2 \cdot \vec{x}_0$$
$$\vec{x}_3 = A \cdot \vec{x}_2 = A^3 \cdot \vec{x}_0; \ldots$$

d. h., mithilfe von A^2 lässt sich die **Kundenverteilung nach 2 Wochen** berechnen bzw. mithilfe von A^3 lässt sich die **Kundenverteilung nach 3 Wochen** berechnen.

Beispiel (mit Hilfsmittel):

$$\vec{x}_2 = A \cdot \vec{x}_1 = A^2 \cdot \begin{pmatrix} 0{,}6 \\ 0{,}4 \\ 0 \end{pmatrix}$$

$$\vec{x}_2 = \begin{pmatrix} 0{,}66 & 0{,}03 & 0{,}16 \\ 0{,}02 & 0{,}52 & 0{,}15 \\ 0{,}32 & 0{,}45 & 0{,}69 \end{pmatrix} \cdot \begin{pmatrix} 0{,}6 \\ 0{,}4 \\ 0 \end{pmatrix} = \begin{pmatrix} 0{,}408 \\ 0{,}22 \\ 0{,}372 \end{pmatrix}$$

$\vec{x}_2 = \begin{pmatrix} 0{,}408 \\ 0{,}22 \\ 0{,}372 \end{pmatrix}$ ist die Verteilung nach zwei Wochen.

Erläuterungen zu A^2:

Die 1. Spalte der Matrix A^2 bedeutet für die Kundenwanderung in der 2. Woche:
Die Wahrscheinlichkeit, dass ein Kunde von S_1 seinen übernächsten Einkauf
- wieder in S_1 tätigt, beträgt 66 %;
- in S_2 tätigt, beträgt 2 %;
- in S_3 tätigt, beträgt 32 %;
- nicht in S_1 tätigt, beträgt $1 - 0{,}66 = 0{,}34$.

Beispiel

➲ In der Stadt Wangen gibt es drei Baumärkte B_1, B_2 und B_3. Das Ergebnis einer monatlichen Befragung bei 5000 Kunden zeigt das nebenstehende Diagramm:

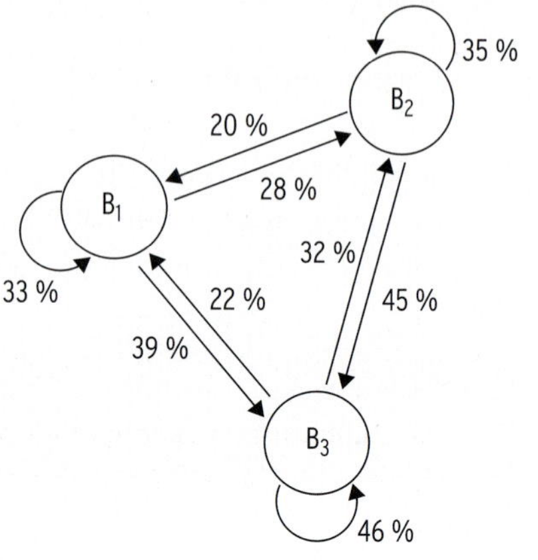

a) Beschreiben Sie das Diagramm.

b) Erstellen Sie die Übergangsmatrix A.

Anfangs kauften bei B_1 1000 Kunden ein, bei B_2 und B_3 jeweils 2000 Kunden.

c) Berechnen Sie mit der Übergangsmatrix die Kundenverteilung nach einem Monat.
Beschreiben Sie, wie sich mithilfe der Übergangsmatrix die Kundenverteilung nach drei Monaten berechnen lässt.

d) Wie groß ist die Wahrscheinlichkeit, dass ein Kunde von B_1 seinen übernächsten Einkauf bei B_2 bzw. bei einem anderen Baumarkt tätigt?

Lösung

a) Der untersuchte Kundenkreis kauft entweder bei B_1 oder B_2 oder B_3 ein.
Jeden Monat bleiben 33 % der Kunden von B_1 bei B_1, 28 % der Kunden wechseln von B_1 zu B_2 und 39 % von B_1 zu B_3.
Jeden Monat wechseln 20 % der Kunden von B_2 zu B_1, 35 % der Kunden bleiben bei B_2 und 45 % wechseln von B_2 zu B_3.
Jeden Monat wechseln 22 % der Kunden von B_3 zu B_1 sowie 32 % zu B_2, 46 % der Kunden bleiben bei B_3.

b) Das Übergangsverhalten lässt sich mithilfe einer Tabelle darstellen:

Übergangstabelle:

zu \ von	B_1	B_2	B_3
B_1	**33 %**	20 %	22 %
B_2	**28 %**	35 %	32 %
B_3	**39 %**	45 %	46 %

Erläuterung: **33 %** der Kunden von B_1 kaufen weiter bei B_1 ein, **28 %** der Kunden wechseln von B_1 zu B_2 und **39 %** wechseln von B_1 zu B_3.

Übergangsmatrix

$$A = \begin{pmatrix} 0{,}33 & 0{,}20 & 0{,}22 \\ 0{,}28 & 0{,}35 & 0{,}32 \\ 0{,}39 & 0{,}45 & 0{,}46 \end{pmatrix}$$

c) Anfangsverteilung: $\vec{x}_0 = \begin{pmatrix} 1000 \\ 2000 \\ 2000 \end{pmatrix}$

Kundenverteilung nach einem Monat:

$$\vec{x}_1 = A \cdot \vec{x}_0 = \begin{pmatrix} 0{,}33 & 0{,}20 & 0{,}22 \\ 0{,}28 & 0{,}35 & 0{,}32 \\ 0{,}39 & 0{,}45 & 0{,}46 \end{pmatrix} \cdot \begin{pmatrix} 1000 \\ 2000 \\ 2000 \end{pmatrix} = \begin{pmatrix} 1170 \\ 1620 \\ 2210 \end{pmatrix}$$

Nach einem Monat kaufen von 5000 Kunden 1170 im Baumarkt B_1, 1620 im Baumarkt B_2 und 2210 im Baumarkt B_3.

Die **Kundenverteilung nach 3 Monaten** erhält man, indem man die Kundenverteilung nach 2 Monaten mit der Übergangsmatrix A multipliziert:

$$\vec{x}_3 = A \cdot \vec{x}_2$$

oder aus $\vec{x}_3 = A^3 \cdot \vec{x}_0$

d) Man berechnet die erste Spalte der Übergangsmatrix A^2.
Sie beschreibt das Wechselverhalten der Kunden von B_1 beim übernächsten Einkauf.

$$A \cdot \begin{pmatrix} 0{,}33 \\ 0{,}28 \\ 0{,}39 \end{pmatrix} = \begin{pmatrix} 0{,}33 & 0{,}20 & 0{,}22 \\ 0{,}28 & 0{,}35 & 0{,}32 \\ 0{,}39 & 0{,}45 & 0{,}46 \end{pmatrix} \cdot \begin{pmatrix} 0{,}33 \\ 0{,}28 \\ 0{,}39 \end{pmatrix} = \begin{pmatrix} 0{,}25 \\ 0{,}32 \\ 0{,}43 \end{pmatrix}$$

Die Wahrscheinlichkeit,
- dass ein Kunde von B_1 seinen übernächsten Einkauf bei B_2 tätigt, beträgt 0,32,
- dass er beim übernächsten Mal bei einem anderen Baumarkt einkauft, beträgt $0{,}32 + 0{,}43 = 0{,}75$ oder $1 - 0{,}25 = 0{,}75$.

Hinweis: Mit dem Startvektor $\vec{x}_0 = \begin{pmatrix} 1 \\ 0 \\ 0 \end{pmatrix}$: (100 % der Kunden kaufen bei B_1 ein.)

$$A \cdot \begin{pmatrix} 1 \\ 0 \\ 0 \end{pmatrix} = \begin{pmatrix} 0{,}33 \\ 0{,}28 \\ 0{,}39 \end{pmatrix} = \vec{x}_1; \quad A \cdot \begin{pmatrix} 0{,}33 \\ 0{,}28 \\ 0{,}39 \end{pmatrix} = \begin{pmatrix} 0{,}25 \\ 0{,}32 \\ 0{,}43 \end{pmatrix} = \vec{x}_2$$

Aufgaben

1 Liegt eine stochastische Matrix vor? Begründen Sie Ihre Wahl.

a) $\begin{pmatrix} 0{,}5 & 0{,}5 & 0{,}1 \\ 0 & 0{,}7 & 0{,}1 \\ 0{,}5 & -0{,}2 & 0{,}8 \end{pmatrix}$ b) $\begin{pmatrix} 0{,}4 & 0{,}5 & 0{,}1 \\ 0{,}3 & 0{,}5 & 0 \\ 0{,}3 & 0 & 0{,}8 \end{pmatrix}$ c) $\begin{pmatrix} 0{,}8 & 0{,}1 \\ 0 & 0{,}7 \\ 0{,}2 & 0{,}2 \end{pmatrix}$ d) $\begin{pmatrix} 1 & 0{,}5 \\ 0 & 0{,}5 \end{pmatrix}$

2 Eine Teilchenart TA kann drei Energiezustände I, II und III annehmen.
Das Diagramm beschreibt, wie die Teilchen innerhalb eines festen Zeitschritts ihre Energiezustände ändern.
Interpretieren Sie das Diagramm.

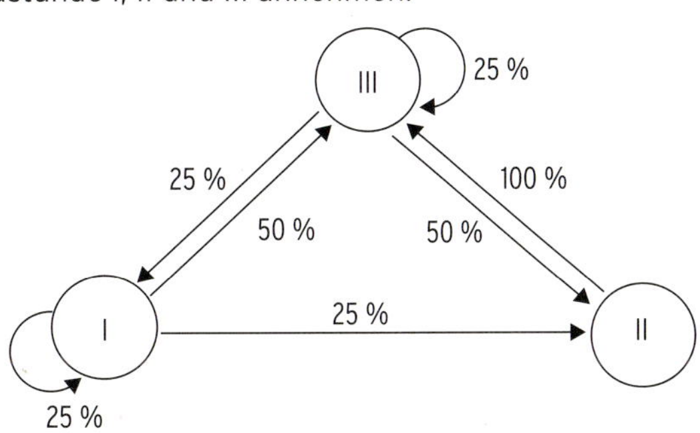

3 In einem fiktiven Staat stehen drei Parteien P1, P2 und P3 zur Wahl. Bei der letzten Wahl stimmte jeder 3. Wähler für P1 und jeder 2. Wähler für P2. Es besteht Wahlpflicht.
Die Prognose für die Wählerwanderung besagt, dass Partei P1 20 % seiner Wähler an Partei P2 verliert, der Rest der Wähler von Partei P1 bleibt seiner Partei treu. 10 % der Wähler von P2 wechseln zu P1 und 20 % zu P3, während 10 % der Wähler von P3 zu P1 und 20 % zu P2 wechseln.
Stellen Sie die zugehörige Übergangsmatrix auf. Welche Stimmverteilung wird nach der nächsten Wahl erwartet?

4 Das Diagramm beschreibt bei einer Kreuzung den jährlichen Übergang der Blütenfarben pink (p), rot (r) und weiß (w) von einer Generation zur nächsten. Bestimmen Sie die Übergangsmatrix A und damit die Verteilung nach einem Jahr bzw. nach zwei Jahren, wenn die Verteilung der Pflanzen zu Beginn beschrieben wird durch

$$\vec{x}_0 = \begin{pmatrix} p \\ r \\ w \end{pmatrix} = \begin{pmatrix} 4000 \\ 4000 \\ 4000 \end{pmatrix}.$$

Interpretieren Sie die Matrix A^2 ohne sie zu berechnen.

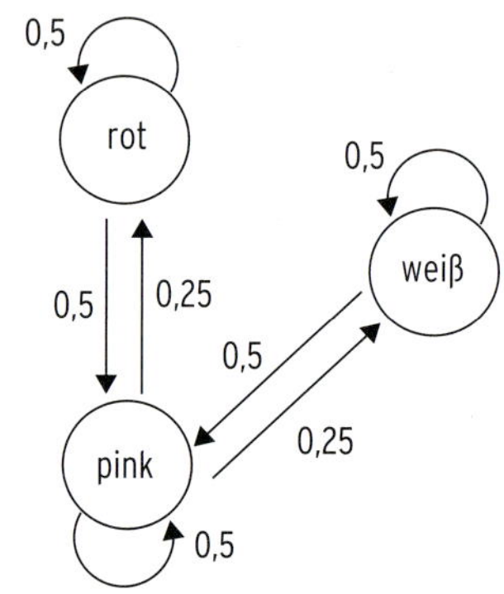

5 Drei Gasversorger G1, G2 und G3 konkurrieren in einer Kleinstadt um 4500 Haushalte.

a) Werbeaktionen veranlassen am Jahresende viele Verbraucher den Energieversorger zu wechseln. Von G1 wechseln 50 % zu G2 und 10 % zu G3. Von G2 wechseln 20 % zu G1 und 10 % zu G3. Von G3 wechseln 10 % zu G1 und 50 % zu G2. Die übrigen bleiben bei ihrem Versorger. Im Jahr 2015 sind 2000 Haushalte bei G1 und 1500 bei G2, die übrigen bei G3. Geben Sie die Übergangsmatrix an. Berechnen Sie, wie viele Haushalte von den einzelnen Energieversorgern im Jahr 2016 beliefert werden.

b) In der Nachbarstadt sind ebenfalls die Anbieter G1 und G2 sowie ein weiterer Anbieter G4 am Markt. Folgende Tabelle beschreibt das Wechselverhalten der Haushalte:

zu \ von	G1	G2	G4
G1	0,7	0,3	0,3
G2	0,1	0,6	0,3
G4	0,2	0,1	0,4

Nehmen Sie Stellung zur Behauptung: Die Kunden von G1 zeigen mehr Kundentreue als die von G4.
Im letzten Jahr bezogen 700 Haushalte ihr Gas von G1, 400 Haushalte von G2 und 300 Haushalte von G4. Wie ist die Verteilung in diesem Jahr? Interpretieren Sie Ihr Ergebnis.
Wie groß ist die Wahrscheinlichkeit, dass ein Kunde von G1 zwei Jahre später von G4 sein Gas bezieht?

2.2 Stabilitätsvektor und Grenzmatrix

Bei Austauschprozessen ist die langfristige Einwicklung interessant. Eine besondere Stellung nehmen Verteilungen ein, die sich im Laufe des Prozesses nicht ändern. Man nennt diese Verteilungen **stationär (stabil).**

Beispiel

➲ Eine Population von Käfern enthält Tiere mit zwei verschiedenen Merkmalen X und Y (z. B. Farbe). Beobachtungen über längere Zeit zeigen, dass Insekten mit Merkmal X zu 60 % Nachkommen mit Merkmal X und zu 40 % solche mit Merkmal Y haben. Insekten mit Merkmal Y haben zu 80 % wieder Nachkommen mit diesem Merkmal, zu 20 % solche mit Merkmal X. Die Vermehrungsrate wird durch die Merkmale nicht beeinflusst.

a) Die Generation bei Beobachtungsbeginn enthält jeweils 50 % Käfer mit Merkmal X bzw. Merkmal Y. Berechnen Sie eine Verteilung von X und Y der nächsten Generation.

b) Wie sieht die langfristige Verteilung der Merkmale aus?

Lösung

a) Übergangsdiagramm:

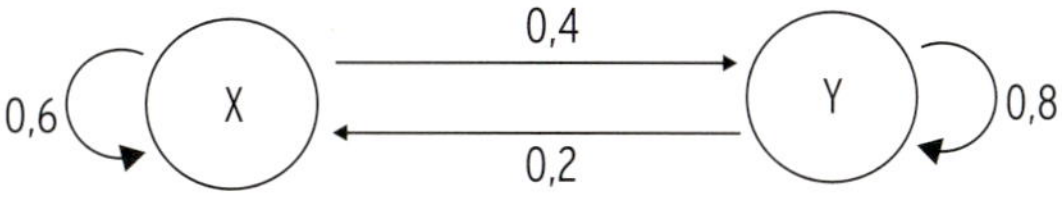

Übergangsmatrix: $A = \begin{pmatrix} 0{,}6 & 0{,}2 \\ 0{,}4 & 0{,}8 \end{pmatrix}$ Startvektor: $\vec{x}_0 = \begin{pmatrix} 0{,}5 \\ 0{,}5 \end{pmatrix}$

Verteilung in der nächsten Generation: $\begin{pmatrix} 0{,}6 & 0{,}2 \\ 0{,}4 & 0{,}8 \end{pmatrix} \cdot \begin{pmatrix} 0{,}5 \\ 0{,}5 \end{pmatrix} = \begin{pmatrix} 0{,}4 \\ 0{,}6 \end{pmatrix}$

Die nächste Generation enthält 40 % Käfer mit Merkmal X und 60 % Käfer mit Y.

b) Gesucht ist also die Verteilung, die sich durch Multiplikation mit A nicht mehr ändert, die **stationäre Verteilung.** Der **Stabilitätsvektor** (Fixvektor) $\vec{x}$ mit den Eigenschaften $A \cdot \vec{x} = \vec{x}$ und $x_1 + x_2 = 1$ beschreibt diese stationäre Verteilung.

Der Ansatz $A\,\vec{x} = \vec{x}$ führt mit $\vec{x} = \begin{pmatrix} x_1 \\ x_2 \end{pmatrix} = \begin{pmatrix} x_1 \\ 1 - x_1 \end{pmatrix}$ auf $\begin{pmatrix} 0{,}6 & 0{,}2 \\ 0{,}4 & 0{,}8 \end{pmatrix} \cdot \begin{pmatrix} x_1 \\ 1 - x_1 \end{pmatrix} = \begin{pmatrix} x_1 \\ 1 - x_1 \end{pmatrix}$.

Daraus folgt das LGS $0{,}6x_1 + 0{,}2(1 - x_1) = x_1$

$0{,}4x_1 + 0{,}8(1 - x_1) = 1 - x_1$

Vereinfachung ergibt jeweils $0{,}6x_1 = 0{,}2$ und daraus $x_1 = \frac{1}{3}$

Einsetzen in $x_1 + x_2 = 1$ ergibt $x_2 = \frac{2}{3}$

Lösung: $x_1 = \frac{1}{3}$; $x_2 = \frac{2}{3}$

Die **stationäre Verteilung** ist 33,33 % Käfer mit Merkmal X und 66,67 % mit Merkmal Y.

Stabilitätsvektor $\vec{x} = \begin{pmatrix} \frac{1}{3} \\ \frac{2}{3} \end{pmatrix}$; $\vec{x}$ beschreibt die stationäre Verteilung.

Beachten Sie: Für den **stationären (stabilen) Zustand** $\vec{x}$ gilt: $A\,\vec{x} = \vec{x}$.

Beispiel

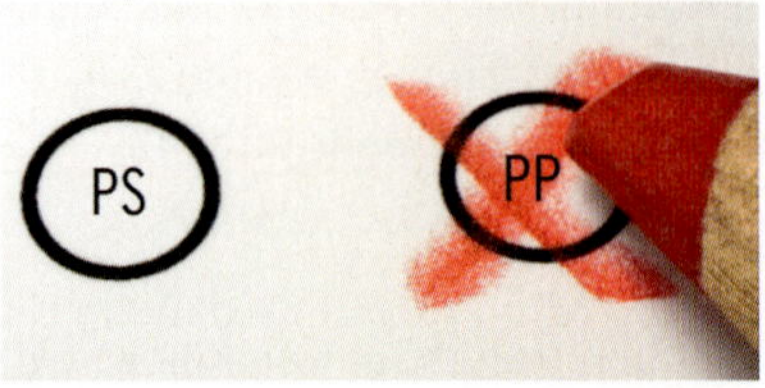

➲ In einem Staat mit den Parteien PS und PP (vgl. S. 87) beschreibt die Übergangsmatrix $A = \begin{pmatrix} 0{,}7 & 0{,}2 \\ 0{,}3 & 0{,}8 \end{pmatrix}$ das Wählerverhalten. Bei der letzten Wahl erhielt die Partei PS 25 % und Partei PP 75 % aller Stimmen.

a) Berechnen Sie A^2 und interpretieren Sie die 2. Spalte.

b) Gibt es eine Stimmenverteilung, die sich reproduziert?

c) Ermitteln Sie, wie viele der Wähler von Partei PS ihrer Partei die Treue halten müssten, wenn Partei PS bei der nächsten Wahl ihren jetzigen Stimmenanteil auf 40 % steigern möchte.

d) Gegeben sind $A^{10} = \begin{pmatrix} 0{,}4006 & 0{,}3996 \\ 0{,}5994 & 0{,}6004 \end{pmatrix}$ und $A^{20} = \begin{pmatrix} 0{,}4000 & 0{,}4000 \\ 0{,}6000 & 0{,}6000 \end{pmatrix}$ (gerundet auf 4 Dezimalen). Interpretieren Sie.

Lösung

a) $A^2 = A \cdot A = \begin{pmatrix} 0{,}55 & 0{,}30 \\ 0{,}45 & 0{,}70 \end{pmatrix}$

0,30 bedeutet: Bei der übernächsten Wahl wählen die Anhänger von PP die Partei PS mit einer Wahrscheinlichkeit von 30 %.
0,70 bedeutet: Bei der übernächsten Wahl wählen die Anhänger von PP wieder die Partei PP mit einer Wahrscheinlichkeit von 70 %.

b) Für eine Stimmverteilung $\vec{x} = \begin{pmatrix} x_1 \\ x_2 \end{pmatrix}$ mit $x_1 + x_2 = 1$, die sich **reproduziert,**

muss gelten: $\vec{x} = A \cdot \vec{x}$

Bedingungen für x_1 und x_2: $\begin{pmatrix} 0{,}7 & 0{,}2 \\ 0{,}3 & 0{,}8 \end{pmatrix} \cdot \begin{pmatrix} x_1 \\ x_2 \end{pmatrix} = \begin{pmatrix} x_1 \\ x_2 \end{pmatrix}$

Mit $x_1 + x_2 = 1$, bzw. $x_2 = 1 - x_1$

erhält man: $\begin{pmatrix} 0{,}7 & 0{,}2 \\ 0{,}3 & 0{,}8 \end{pmatrix} \cdot \begin{pmatrix} x_1 \\ 1 - x_1 \end{pmatrix} = \begin{pmatrix} x_1 \\ 1 - x_1 \end{pmatrix}$

Die Gleichung $0{,}5x_1 + 0{,}2 = x_1$
oder die Gleichung $-0{,}5x_1 + 0{,}8 = 1 - x_1$
hat jeweils die Lösung $x_1 = 0{,}4$.
Einsetzen ergibt: $x_2 = 1 - x_1 = 0{,}6$

Hat die Partei PS 40 % und die Partei PP 60 % aller Stimmen, ändert sich die Stimmenverteilung bei einer Wahl (Übergangsmatrix A) nicht mehr.

$\vec{x} = \begin{pmatrix} 0{,}4 \\ 0{,}6 \end{pmatrix}$ heißt **Stabilitätsvektor (stationärer Zustand).**

Probe:

$A \cdot \begin{pmatrix} 0{,}4 \\ 0{,}6 \end{pmatrix} = \begin{pmatrix} 0{,}7 & 0{,}2 \\ 0{,}3 & 0{,}8 \end{pmatrix} \cdot \begin{pmatrix} 0{,}4 \\ 0{,}6 \end{pmatrix} = \begin{pmatrix} 0{,}4 \\ 0{,}6 \end{pmatrix}$

c) Der Anteil der Wähler von PS, die ihrer Partei treu bleiben, sei a.
Der Anteil der Wähler von PS, die zur Partei PC wechseln, ist dann 1 – a.

Stimmenverteilung nach der nächsten Wahl: $\vec{x}_1 = \begin{pmatrix} 0{,}4 \\ 0{,}6 \end{pmatrix}$

Mit dem Startvektor $\begin{pmatrix} 0{,}25 \\ 0{,}75 \end{pmatrix}$ muss gelten: $\begin{pmatrix} a & 0{,}2 \\ 1-a & 0{,}8 \end{pmatrix} \cdot \begin{pmatrix} 0{,}25 \\ 0{,}75 \end{pmatrix} = \begin{pmatrix} 0{,}4 \\ 0{,}6 \end{pmatrix}$

Ausmultiplizieren ergibt: $0{,}25a + 0{,}15 = 0{,}4 \quad \Rightarrow \quad a = 1$

$0{,}25 - 0{,}25a + 0{,}6 = 0{,}6 \quad \Rightarrow \quad a = 1$

Nur wenn alle Wähler der Partei PS wieder PS wählen, gelingt es Partei PS, bei der nächsten Wahl ihren jetzigen Stimmenanteil auf 40 % zu steigern.

d) Die Matrixpotenzen A^n streben für $n \to \infty$ gegen die Matrix $\begin{pmatrix} 0{,}4 & 0{,}4 \\ 0{,}6 & 0{,}6 \end{pmatrix}$.

Bemerkung: Die **Übergangsmatrix A^n stabilisiert sich** für $n \to \infty$ zur Grenzmatrix $G = \begin{pmatrix} 0{,}4 & 0{,}4 \\ 0{,}6 & 0{,}6 \end{pmatrix}$.
Diese Matrix beschreibt die Grenzverteilung $\begin{pmatrix} 0{,}4 \\ 0{,}6 \end{pmatrix}$ (langfristige Verteilung).

Dies bedeutet, dass sich die Wähler zu 40 % für Partei PS und zu 60 % für Partei PP entscheiden. Es gilt also: $\lim\limits_{n \to \infty} A^n = \begin{pmatrix} 0{,}4 & 0{,}4 \\ 0{,}6 & 0{,}6 \end{pmatrix}$.

Die Spaltenvektoren sind alle **gleich** und entsprechen der **stationären Verteilung.**

Beispiele für verschiedene Startvektoren:

$\begin{pmatrix} 0{,}4 & 0{,}4 \\ 0{,}6 & 0{,}6 \end{pmatrix} \cdot \begin{pmatrix} 0{,}5 \\ 0{,}5 \end{pmatrix} = \begin{pmatrix} 0{,}4 \\ 0{,}6 \end{pmatrix}$ $\qquad$ $\begin{pmatrix} 0{,}4 & 0{,}4 \\ 0{,}6 & 0{,}6 \end{pmatrix} \cdot \begin{pmatrix} 1 \\ 0 \end{pmatrix} = \begin{pmatrix} 0{,}4 \\ 0{,}6 \end{pmatrix}$

Hinweis: Jede beliebige Verteilung strebt gegen die stationäre (stabile) Verteilung (siehe Teilaufgabe b)).

Beachten Sie:

Gilt für eine stochastische Matrix A $\lim\limits_{n \to \infty} A^n = G$, so besteht die Matrix G aus lauter

gleichen Spalten: $G = \begin{pmatrix} x_1 & x_1 & \cdots & x_1 \\ x_2 & x_2 & \cdots & x_2 \\ \cdots & \cdots & \cdots & \cdots \\ x_n & x_n & \cdots & x_n \end{pmatrix}$.

G heißt **Grenzmatrix.**

Der Spaltenvektor $\vec{x} = \begin{pmatrix} x_1 \\ x_2 \\ \ldots \\ x_n \end{pmatrix}$ ist ein **Stabilitätsvektor.**

Die stationäre (stabile)Verteilung und die Grenzverteilung stimmen überein.

Berechnung des Stabilitätsvektors

Fixpunktgleichung $\vec{x} = A \cdot \vec{x}$

Matrixpotenz A^n $\lim\limits_{n \to \infty} A^n = G$

Beispiel

In der Stadt Wangen gibt es drei Baumärkte B_1, B_2 und B_3 (vgl. S. 92).

Die Übergangsmatrix $A = \begin{pmatrix} 0{,}33 & 0{,}20 & 0{,}22 \\ 0{,}28 & 0{,}35 & 0{,}32 \\ 0{,}39 & 0{,}45 & 0{,}46 \end{pmatrix}$ beschreibt den Anteil der Kunden, die jeden Monat von Baumarkt B_j zu Baumarkt B_i wechseln.

a) Berechnen Sie eine Verteilung, die sich aufgrund der oben genannten Kundenströme nicht mehr ändert. Wie lautet die zugehörige Grenzmatrix G?

b) Bestimmen Sie die langfristige Verteilung für 5000 Kunden. Ändert sich diese Verteilung, wenn zu Beginn alle Kunden bei B_1 einkaufen?

Lösung

a) Gesucht ist also die Verteilung, die sich durch Multiplikation mit A nicht mehr ändert, die stationäre Verteilung. Der Stabilitätsvektor $\vec{x}$ mit den Eigenschaften $A \cdot \vec{x} = \vec{x}$ und $x_1 + x_2 + x_3 = 1$ beschreibt diese stabile (stationäre) Verteilung.

Der Ansatz $A \cdot \vec{x} = \vec{x}$ führt mit $\vec{x} = \begin{pmatrix} x_1 \\ x_2 \\ 1 - x_1 - x_2 \end{pmatrix}$

auf $\begin{pmatrix} 0{,}33 & 0{,}20 & 0{,}22 \\ 0{,}28 & 0{,}35 & 0{,}32 \\ 0{,}39 & 0{,}45 & 0{,}46 \end{pmatrix} \cdot \begin{pmatrix} x_1 \\ x_2 \\ 1 - x_1 - x_2 \end{pmatrix} = \begin{pmatrix} x_1 \\ x_2 \\ 1 - x_1 - x_2 \end{pmatrix}$

Daraus folgt das LGS

$$0{,}33x_1 + 0{,}20x_2 + 0{,}22(1 - x_1 - x_2) = x_1$$
$$0{,}28x_1 + 0{,}35x_2 + 0{,}32(1 - x_1 - x_2) = x_2$$
$$0{,}39x_1 + 0{,}45x_2 + 0{,}46(1 - x_1 - x_2) = 1 - x_1 - x_2$$

Vereinfachung ergibt

$$89x_1 + 2x_2 = 22 \quad (1)$$
$$4x_1 + 97x_2 = 32 \quad (2)$$
$$93x_1 + 99x_2 = 54 \quad (3)$$

Aus den ersten beiden Gleichungen ergibt sich $x_1 = 0{,}24$ und $x_2 = 0{,}32$.

Probe in der Gleichung (3) und Einsetzen in $x_1 + x_2 + x_3 = 1$ ergibt $x_3 = 0{,}44$.

Stabilitätsvektor $\vec{x} = \begin{pmatrix} 0{,}24 \\ 0{,}32 \\ 0{,}44 \end{pmatrix}$

Die Verteilung: 24 % aller Kunden kaufen im Baumarkt B_1, 32 % in B_2 und 44 % in B_3, ist die **stationäre Verteilung.**

Die stationäre Verteilung stimmt mit der langfristigen Verteilung überein.
Die Spalten der **Grenzmatrix** stimmen überein und entsprechen der langfristigen Verteilung (dem Stabilitätsvektor) $\vec{x} = \begin{pmatrix} 0{,}24 \\ 0{,}32 \\ 0{,}44 \end{pmatrix}$: $G = \begin{pmatrix} 0{,}24 & 0{,}24 & 0{,}24 \\ 0{,}32 & 0{,}32 & 0{,}32 \\ 0{,}44 & 0{,}44 & 0{,}44 \end{pmatrix}$.

Erläuterung:
Langfristig beträgt die Wahrscheinlichkeit, dass ein Kunde
- von Baumarkt B_1 bei Baumarkt B_1 bleibt, 24 %,
- von Baumarkt B_1 zu Baumarkt B_2 wechselt, 32 %,
- von Baumarkt B_1 zu Baumarkt B_3 wechselt, 44 %.

Diese Wahrscheinlichkeiten gelten ebenso für die Kunden von Baumarkt B_2 bzw. B_3.

b) Der Stabilitätsvektor $\vec{x} = \begin{pmatrix} 0{,}24 \\ 0{,}32 \\ 0{,}44 \end{pmatrix}$ beschreibt die langfristige Verteilung.

Berechnung der Kundenzahl für 5000 Kunden:

$0{,}24 \cdot 5000 = 1200$; $0{,}32 \cdot 5000 = 1600$; $0{,}44 \cdot 5000 = 2200$, also $\vec{x} = \begin{pmatrix} 1200 \\ 1600 \\ 2200 \end{pmatrix}$

Die stationäre Verteilung ist 1200 Kunden im Baumarkt B_1, 1600 in B_2 und 2200 in B_3.
Die Anfangsverteilung spielt keine Rolle. Die stabile Verteilung stimmt mit der langfristigen Verteilung überein.

Probe für die Verteilung: Alle Kunden sind Kunden im Baumarkt B_1.

100 % der Kunden kaufen in B_1; Startvektor: $\vec{x} = \begin{pmatrix} 1 \\ 0 \\ 0 \end{pmatrix}$

Multiplikation mit der Grenzmatrix G ergibt den Stabilitätsvektor in %. $G \cdot \begin{pmatrix} 1 \\ 0 \\ 0 \end{pmatrix} = \begin{pmatrix} 0{,}24 \\ 0{,}32 \\ 0{,}44 \end{pmatrix}$

Alle 5000 Kunden kaufen in B_1; Startvektor: $\vec{x} = \begin{pmatrix} 5000 \\ 0 \\ 0 \end{pmatrix}$

Multiplikation mit der Grenzmatrix G ergibt den Stabilitätsvektor für 5000 Kunden. $G \cdot \begin{pmatrix} 5000 \\ 0 \\ 0 \end{pmatrix} = \begin{pmatrix} 1200 \\ 1600 \\ 2200 \end{pmatrix}$

Hinweis: Z. B.: 24 % von 5000 sind 1200.

Aufgaben

1 Für einen Austauschprozess gilt der Stabilitätsvektor $\vec{x} = \begin{pmatrix} 0{,}6 \\ 0{,}4 \end{pmatrix}$ und das nebenstehende Diagramm.
Bestimmen Sie die Übergangsmatrix A.
Übertragen Sie das Diagramm in Ihr Heft und vervollständigen Sie es.

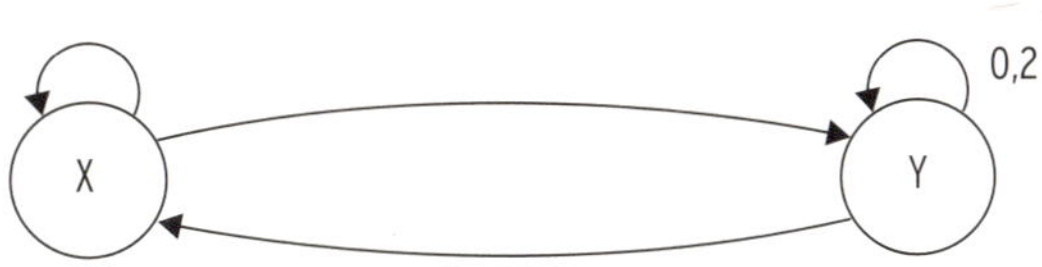

2 Eine Rothirschpopulation von 450 Rothirschen und seine Wanderungen in den Revieren X, Y und Z eines Waldgebietes wird durch eine Übergangsmatrix A beschrieben.

Die Potenzen A^n nähern sich für große n der Matrix G an: $G = \begin{pmatrix} \frac{16}{45} & \frac{16}{45} & \frac{16}{45} \\ g & g & g \\ \frac{6}{45} & \frac{6}{45} & \frac{6}{45} \end{pmatrix}$.

a) Bestimmen Sie g in der Grenzmatrix G.

b) Die stabile Verteilung der Hirsche ist unabhängig von der Anfangsverteilung.
Prüfen Sie die Behauptung anhand der Anfangsverteilungen $\begin{pmatrix} 450 \\ 0 \\ 0 \end{pmatrix}$ und $\begin{pmatrix} 250 \\ 100 \\ 100 \end{pmatrix}$.

3 Die drei Autowaschanlagen W1, W2 und W3 haben das Wechselverhalten ihrer Kunden untersucht. Die Kunden von W1 verteilen sich bei der nächsten Autowäsche im Verhältnis 2 : 1 : 1 auf die drei Autowaschanlagen. Die Kunden von W2 wechseln das nächste Mal zu 25 % zu W1 und zu 25 % zu W3. 80 % der Kunden von W3 sind der Anlage treu, der Rest wechselt zu W1. Jeder Kunde wäscht sein Auto genau einmal pro Woche.

a) Bestimmen Sie die Übergangsmatrix für diesen Prozess.

b) In einer bestimmten Woche waschen von insgesamt 1000 Autofahrern 500 bei W1 und je 250 bei W2 und W3 ihr Auto. Bestimmen Sie die Verteilung in der Vorwoche und für die folgende Woche.

c) Bestimmen Sie die stabile Verteilung und geben Sie die Grenzmatrix an. Wie sieht die langfristige Verteilung aus, wenn zu Beginn alle Autofahrer ihr Fahrzeug in der Anlage W1 waschen?

4 Drei Vollwaschmittel V1, V2 und V3 teilen den Markt unter sich auf. Das Wechselverhalten der Kunden nach jedem Kauf wird durch die Übergangsmatrix

$A = \begin{pmatrix} 0 & 0{,}4 & 0{,}5 \\ 0{,}6 & 0 & 0{,}5 \\ 0{,}4 & 0{,}6 & 0 \end{pmatrix}$ beschrieben.

a) Kaufen 175 Kunden V1, 200 Kunden V2 und 190 Kunden V3, so ist der Markt im Gleichgewicht. Überprüfen Sie diese Behauptung. Welchen Marktanteil hat dann das Vollwaschmittel V2?

b) Anfangs kaufen alle Kunden das Vollwaschmittel V1. Wie lautet die Verteilung nach zweimaligem Kauf? Wie groß ist die Wahrscheinlichkeit, dass ein Käufer von V2 beim übernächsten Einkauf nicht mehr V2 kauft?

c) Wie muss sich das Wechselverhalten der Kunden von Vollwaschmittel V2 ändern, damit langfristig die Vollwaschmittel im Verhältnis 1 : 2 : 1 gekauft werden?

5 Im Stadtgebiet von Ulm sollen 30 Elektrosmarts an 3 Standorten X, Y und Z bereitgestellt werden. Ein Modell für die täglichen Veränderungen besagt, dass 60 % der entliehenen Autos abends am Standort X, 30 % in Y und 10 % in Z abgestellt werden.
80 % der in Y entliehenen Autos werden wieder in Y abgestellt, der Rest zu gleichen Teilen in X und Z. Von den in Z abgeholten Autos kehrt die Hälfte abends wieder zurück, 20 % werden bei X und Rest bei Y abgestellt.
Morgens stehen 50 % der Autos in X, 30 % in Y und 20 % in Z. Wie viel % der Autos werden abends nicht am Standort Y abgestellt? Wie sollen die Autos sinnvoll an den Standorten verteilt werden?

6 Die gegebene Übergangsmatrix A beschreibt das wöchentliche Wechselverhalten der Kunden von drei Supermärkten S1, S2 und S3: $A = \begin{pmatrix} 0{,}8 & 0 & 0{,}1 \\ 0 & 0{,}7 & 0{,}1 \\ 0{,}2 & 0{,}3 & 0{,}8 \end{pmatrix}$.

Bestimmen Sie die Verteilung nach einer Woche, wenn sich zu Wochenbeginn die Kunden wie 2 : 2 : 1 auf alle drei Supermärkte verteilen.
Überprüfen Sie, ob sich langfristig eine feste Verteilung der Marktanteile der drei Supermärkte ergibt. Wenn ja, geben Sie diese Verteilung an.
Untersuchen Sie, ob sich die langfristige Verteilung der Marktanteile der drei Supermärkte ändern würde, wenn S1, S2 und S3 zu Beginn die gleichen Marktanteile gehabt hätten.

7 Drei Firmen U1, U2 und U3 bringen gleichzeitig ein neuartiges Produkt auf den Markt. Zu Beginn besitzt U1 einen Marktanteil von 40 %, U2 von 20 % und U3 von 40 %. Das Diagramm beschreibt das monatliche Wechselverhalten der Kunden.

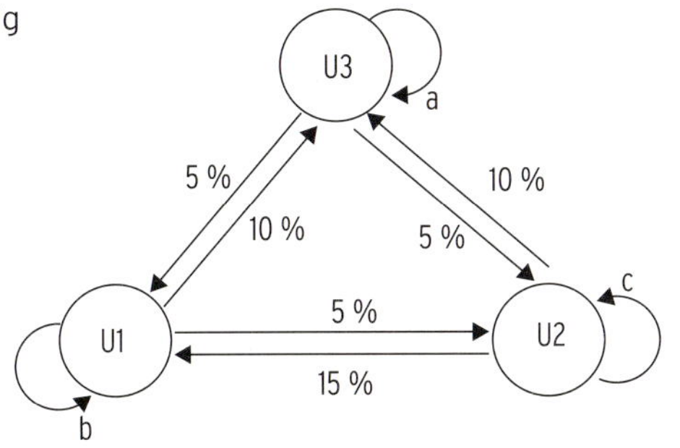

a) Welche Marktanteile besitzen die Firmen nach einem Monat? Zeigen Sie, dass U1 nach zwei Monaten einen Marktanteil von etwa 38,1 % hat.

b) Nach einigen Monaten haben sich die Marktanteile eingependelt und verändern sich nicht mehr. Welche Firma kann sich als Marktführer fühlen?

8 Ein Unternehmen mit 1200 Mitarbeitern arbeitet an den drei Standorten U, V und W. Im Rahmen der Personalplanung werden die über Jahre stabilen Quoten für den Wechsel der Standorte in einer Übergangsmatrix A festgelegt: $A = \begin{pmatrix} 0{,}7 & 0{,}1 & 0{,}1 \\ 0{,}2 & 0{,}85 & 0 \\ 0{,}1 & 0{,}05 & 0{,}9 \end{pmatrix}$.

Zu Beginn arbeiten sämtliche 1200 Mitarbeiter am Standort U.

a) Zeichnen Sie ein Übergangsdiagramm.
Ermitteln Sie die Verteilung auf die drei Standorte U, V und W nach dem ersten Jahr.

b) Gibt es eine Verteilung der 1200 Mitarbeiter, die im nächsten Jahr gleich bleibt? Wenn ja, geben Sie diese an.

c) Jan behauptet: Die Grenzmatrix lautet $G = \begin{pmatrix} 0{,}25 & 0{,}25 & 0{,}25 \\ 0{,}33 & 0{,}33 & 0{,}33 \\ 0{,}42 & 0{,}42 & 0{,}42 \end{pmatrix}$.
Nehmen Sie Stellung zu Jans Behauptung.

2.3 Absorbierender Zustand

Beispiel

➲ Ein Computerspiel hat drei Spielstufen Z1 bis Z3. Der Spieler beginnt in Z1. Das Prozessdiagramm beschreibt die Zustandsverteilung.

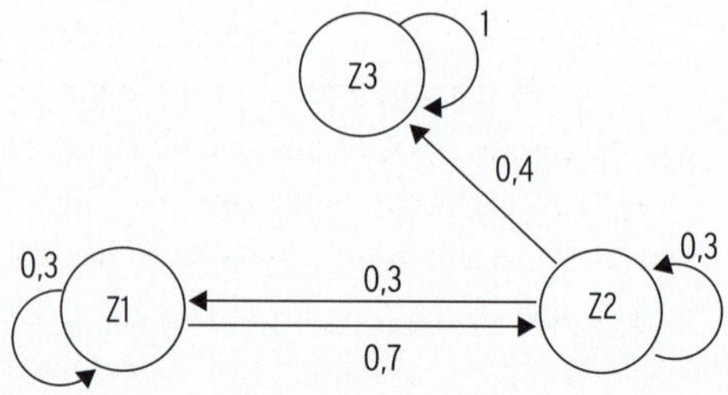

a) Geben Sie die Übergangsmatrix an. Beschreiben Sie die Zustände Z1 bis Z3.

b) Zwei Spiele werden durchgeführt. Mit welcher Wahrscheinlichkeit
- erreicht der Spieler den absorbierenden Zustand?
- ist er nicht mehr in Z1?

Lösung

a) Übergangsmatrix: $A = \begin{pmatrix} 0{,}3 & 0{,}3 & 0 \\ 0{,}7 & 0{,}3 & 0 \\ 0 & 0{,}4 & 1 \end{pmatrix}$.

Von Zustand Z1 erreicht man mit einer Wahrscheinlichkeit von 0,7 den Zustand Z2.
Von Zustand Z2 erreicht man mit einer Wahrscheinlichkeit von 0,4 den Zustand Z3 und mit 0,3 wieder den Zustand Z1.
Hat man den Zustand Z3 erreicht, kann man diesen Zustand nicht mehr verlassen.
Den Zustand Z3 nennt man **absorbierend.**

> **Beachten Sie:**
>
> Ein Zustand, den man erreicht, heißt **absorbierend,** wenn man ihn nicht mehr verlassen kann. In einem **absorbierenden Zustand** verbleibt man mit der Wahrscheinlichkeit 1.

b) Startvektor: $\vec{x}_0 = \begin{pmatrix} 1 \\ 0 \\ 0 \end{pmatrix}$.

Multiplikation mit A ergibt: $\begin{pmatrix} 0{,}3 & 0{,}3 & 0 \\ 0{,}7 & 0{,}3 & 0 \\ 0 & 0{,}4 & 1 \end{pmatrix} \cdot \begin{pmatrix} 1 \\ 0 \\ 0 \end{pmatrix} = \begin{pmatrix} 0{,}3 \\ 0{,}7 \\ 0 \end{pmatrix}$

Interpretation: Nach einem Spiel kann man Z3 nicht erreicht haben.

Multiplikation von $\begin{pmatrix} 0{,}3 \\ 0{,}7 \\ 0 \end{pmatrix}$ mit A ergibt: $\begin{pmatrix} 0{,}3 & 0{,}3 & 0 \\ 0{,}7 & 0{,}3 & 0 \\ 0 & 0{,}4 & 1 \end{pmatrix} \cdot \begin{pmatrix} 0{,}3 \\ 0{,}7 \\ 0 \end{pmatrix} = \begin{pmatrix} 0{,}3 \\ 0{,}42 \\ 0{,}28 \end{pmatrix}$

Interpretation: Nach zwei Spielen erreicht man Z3 (den absorbierenden Zustand) mit einer Wahrscheinlichkeit von 28 %.

Mit zwei Spielen erreicht man Z3 durch: $Z1 \xrightarrow{0{,}7} Z2 \xrightarrow{0{,}4} Z3$

Wahrscheinlichkeit: $0{,}7 \cdot 0{,}4 = 0{,}28$.

Nach zwei Spielen ist er nicht mehr in Z1 mit einer Wahrscheinlichkeit von $1 - 0{,}3 = 0{,}7$.

Beispiel

In einer Geflügelfarm bricht eine Viruserkrankung aus, die für einen Teil der Tiere tödlich verläuft. Eine Forschungseinrichtung beobachtet den Krankheitsverlauf und modelliert diesen mittels einer Übergangstabelle (G: gesunde Tiere, K: kranke Tiere, T: gestorbene Tiere).

	G	K	T
G	0,3	0,1	0
K	0,7	0,7	0
T	0	0,2	1

a) Geben Sie die Übergangsmatrix an. Stellen Sie den zugehörigen Übergangsgraphen dar.

b) Aufgrund eines neu gewonnenen Impfstoffes stirbt kein Tier mehr. Die neue Situation findet sich im folgenden Übergangsgraphen wieder, wobei (W) für die wieder gesundeten, also jene, die die Krankheit einmal überstanden haben, steht.

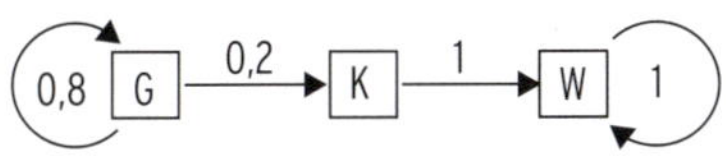

Geben Sie die zugehörige Übergangsmatrix A_{neu} an.
Interpretieren Sie die gegenüber A veränderten Matrixelemente.

Lösung

a) $A = \begin{pmatrix} 0{,}3 & 0{,}1 & 0 \\ 0{,}7 & 0{,}7 & 0 \\ 0 & 0{,}2 & 1 \end{pmatrix}$

Der Zustand T ist absorbierend. Er wird erreicht, aber nicht mehr verlassen.

Übergangsgraph

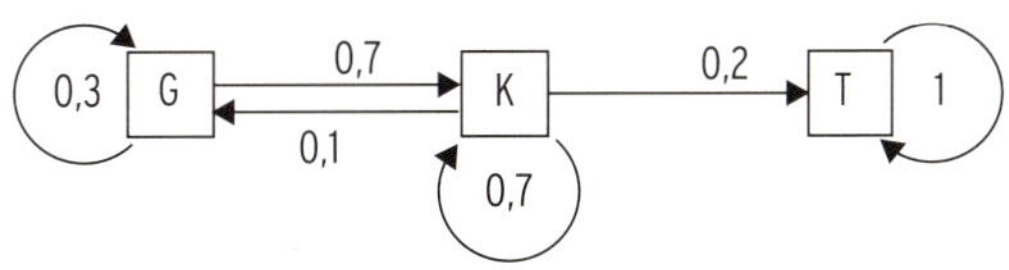

b) **Übergangstabelle:**

	G	K	W
G	0,8	0	0
K	0,2	0	0
W	0	1	1

Übergangsmatrix:

$A_{neu} = \begin{pmatrix} 0{,}8 & 0 & 0 \\ 0{,}2 & 0 & 0 \\ 0 & 1 & 1 \end{pmatrix}$

Dabei ist der Anteil der gesund bleibenden Hühner (G → G: 0,8 bzw. G → K: 0,2) deutlich gestiegen. Kein krankes Tier verbleibt im Krankheitszustand (K → K: 0), d. h., sie gesunden; alle krankenTiere (K → W: 1) werden wieder gesund - dieser Zustand unterscheidet sich aber vom ersten Zustand.

Der Zustand W ist **absorbierend.** Er wird erreicht, aber nicht mehr verlassen.
Der Zustand K ist **nicht absorbierend.** Er wird erreicht und wieder verlassen.

Aufgaben

1 Erläutern Sie: Die Übergangsmatrix $A = \begin{pmatrix} 1 & 0{,}2 & 0{,}1 \\ 0 & 0 & 0{,}9 \\ 0 & 0{,}8 & 0 \end{pmatrix}$ beschreibt einen stochastischen Prozess mit einem absorbierenden Zustand.
Zeichnen Sie ein Übergangsdiagramm für die Zustände Z1, Z2 und Z3.
Mit welcher Wahrscheinlichkeit wird von Z3 aus in zwei Schritten der Zustand Z1 erreicht?

2 Ein Käfer krabbelt auf einer Figur. Er beginnt in Zustand 1. Im Zustand 4 wartet ein Vogel, der den Käfer fressen wird. In den Zuständen 1, 2 und 3 wählt der Käfer den Weg zum nächsten Punkt mit den angegebenen Wahrscheinlichkeiten.

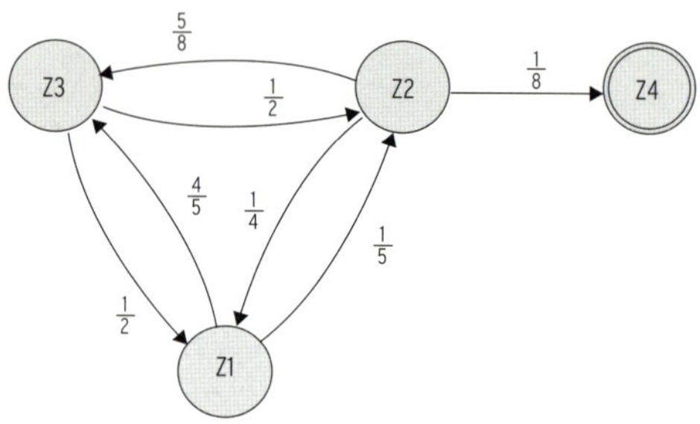

a) Stellen Sie eine Übergangsmatrix auf.
b) Entscheiden Sie, ob der stochastische Prozess einen absorbierenden Zustand hat.

3 Die Übergangsmatrix $A = \begin{pmatrix} 0{,}4 & 0{,}3 & 0 \\ 0{,}6 & 0{,}7 & 0 \\ 0 & 0 & 1 \end{pmatrix}$ beschreibt einen Prozess.
Begründen Sie, dass der Übergangsprozess keinen absorbierenden Zustand hat.

4 Ein Spiel verläuft nach dem nebenstehenden Prozessdiagramm.
Karl setzt 1 € ein und hört bei einem Guthaben von 3 € auf.

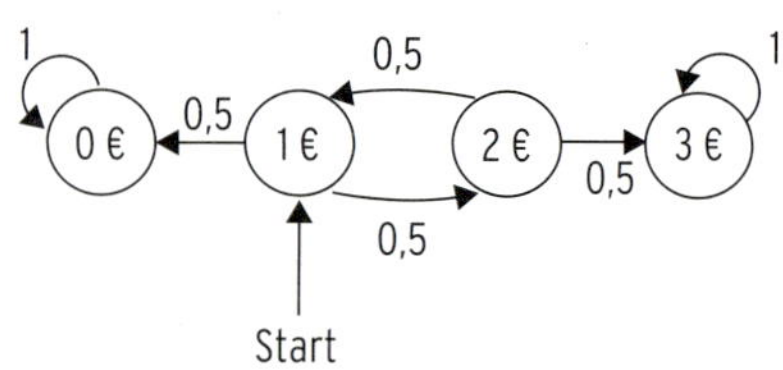

a) Erstellen Sie eine Übergangsmatrix. Kennzeichnen Sie absorbierende Zustände und geben Sie den Startvektor an.
b) Der Vektor $\vec{x}_2 = \begin{pmatrix} 0{,}5 \\ 0{,}25 \\ 0 \\ 0{,}25 \end{pmatrix}$ beschreibt die Verteilung nach 2 Übergängen. Interpretieren Sie.
c) Mit 4 Übergängen erreicht er einen absorbierenden Zustand. Geben Sie einen Pfad an und bestimmen Sie die zugehörige Wahrscheinlichkeit. Begründen Sie.

5 Zur Beschreibung der Ausbreitung einer Krankheit in einer Pinguinkolonie mit einem Modell teilen die Forscher die gesamte Population von 50 000 Pinguinen in drei Gruppen ein: Gesunde, Kranke und Tote.
Im Rahmen des Modells gilt der Zusammenhang $A \cdot \vec{x}_n = \vec{x}_{n+1}$ mit $A = \begin{pmatrix} 0{,}99 & 0{,}15 & 0 \\ 0{,}01 & 0{,}55 & 0 \\ 0 & 0{,}3 & 1 \end{pmatrix}$.
$\vec{x}_n$ beschreibt die Verteilung der Gesamtpopulation am Tag n.
Erstellen Sie den zu der Übergangsmatrix A gehörenden Übergangsgraphen.
Interpretieren Sie die Matrixeinträge 0,99; 0,3 und 1 im Sachkontext.

3 Zyklische Verteilungen

Beispiel

➲ Bei einer Insektenart vollzieht sich die Entwicklung in einem 3-monatigen Zyklus. Insekten legen durchschnittlich 25 Eier und sterben danach. Aus den Eiern entwickeln sich innerhalb eines Monats 10 % zu Larven. Nur 40 % der Larven überleben den folgenden Monat und entwickeln sich zu Insekten, die wiederum 25 Eier legen.

a) Zeichnen Sie ein Entwicklungsdiagramm und geben Sie die Übergangsmatrix an.

b) Wie entwickelt sich eine Startpopulation von 1000 Eiern, 240 Larven und 30 Insekten im Laufe eines Zyklus?

c) Wie entwickelt sich die Population aus **b)**, wenn die Überlebensraten gleich bleiben und
- sich die Vermehrungsrate durch ein günstiges Klima auf 50 erhöht bzw.
- die Vermehrungsrate auf 20 sinkt?

Lösung

a) Entwicklungsdiagramm (Ablaufplan für einen Entwicklungszyklus):

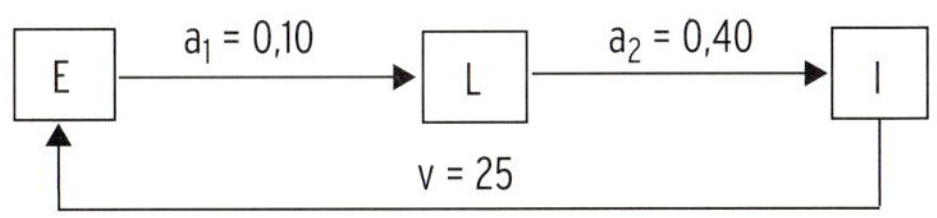

Hinweis: a_1 und a_2 sind **Überlebensraten**, v ist die **Vermehrungsrate.**

Darstellung des Übergangsverhaltens in Tabellenform:

Erläuterung: Aus Eiern (E) entwickeln sich nur Larven (L), aus L nur Insekten (I), aus I nur E.

zu \ von	E	L	I
E	0	0	25
L	0,10	0	0
I	0	0,40	0

Aus der Tabelle erhält man die

Übergangsmatrix: $A = \begin{pmatrix} 0 & 0 & 25 \\ 0{,}10 & 0 & 0 \\ 0 & 0{,}40 & 0 \end{pmatrix}$.

b) Mit der Startpopulation $\vec{x}_0 = \begin{pmatrix} 1000 \\ 240 \\ 30 \end{pmatrix}$ erhält man die Population $\vec{x}_1$ **nach einem Monat:**

$$\vec{x}_1 = A \cdot \vec{x}_0 = \begin{pmatrix} 0 & 0 & 25 \\ 0{,}10 & 0 & 0 \\ 0 & 0{,}40 & 0 \end{pmatrix} \cdot \begin{pmatrix} 1000 \\ 240 \\ 30 \end{pmatrix} = \begin{pmatrix} 750 \\ 100 \\ 96 \end{pmatrix}$$

Aus 1000 E entwickeln sich 0,10 · 1000 = 100 L,
aus 240 L entwickeln sich 0,40 · 240 = 96 I,
30 I legen 25 · 30 = 750 E.

Population $\vec{x}_2$ nach **2 Monaten:** $\vec{x}_2 = A \cdot \vec{x}_1 = \begin{pmatrix} 2400 \\ 75 \\ 40 \end{pmatrix}$

Population $\vec{x}_3$ nach **3 Monaten:** $\vec{x}_3 = A \cdot \vec{x}_2 = \begin{pmatrix} 1000 \\ 240 \\ 30 \end{pmatrix} = \vec{x}_0$

Die Population entwickelt sich **zyklisch.** In einem **Zyklus** von 3 Monaten stellt sich die Startpopulation wieder ein. Ist das Produkt aus Überlebensraten und Vermehrungsrate gleich 1 ($a_1 \cdot a_2 \cdot v = 0{,}10 \cdot 0{,}40 \cdot 25 = 1$), so entwickelt sich die Population zyklisch.

Hinweis: 100 E $\xrightarrow{0{,}10}$ 10 L $\xrightarrow{0{,}40}$ 4 I $\xrightarrow{25}$ 100 E

Erläuterungen: Aus $\vec{x}_2 = A \cdot \vec{x}_1$ folgt mit $\vec{x}_1 = A \cdot \vec{x}_0$: $\vec{x}_2 = A \cdot A \cdot \vec{x}_0 = A^2 \cdot \vec{x}_0$.

Ebenso gilt $\vec{x}_3 = A^3 \cdot \vec{x}_0$.

$$A = \begin{pmatrix} 0 & 0 & 25 \\ 0{,}10 & 0 & 0 \\ 0 & 0{,}40 & 0 \end{pmatrix};\ A^2 = \begin{pmatrix} 0 & 10 & 0 \\ 0 & 0 & 2{,}5 \\ 0{,}04 & 0 & 0 \end{pmatrix};\ A^3 = \begin{pmatrix} 1 & 0 & 0 \\ 0 & 1 & 0 \\ 0 & 0 & 1 \end{pmatrix} = E$$

Bei einem **dreimonatigen** Zyklus gilt $A^3 = E$ (Einheitsmatrix) wegen $a_1 \cdot a_2 \cdot v = 1$.
Das **Produkt aus Überlebensraten und Vermehrungsrate** ist gleich 1.

Daher gilt: $\vec{x}_3 = A^3 \cdot \vec{x}_0 = E \cdot \vec{x}_0 = \vec{x}_0$.

Hinweis: Gilt $A^3 = E$, so reproduziert sich **jede** Population mit der Übergangsmatrix A nach 3 Monaten. A ist eine **zyklische** Matrix.

Jede (Start-) Population, z. B. $\vec{x}_0 = \begin{pmatrix} 1000 \\ 240 \\ 30 \end{pmatrix}$ oder auch $\vec{x}_1 = \begin{pmatrix} 750 \\ 100 \\ 96 \end{pmatrix}$, **reproduziert sich nach drei Monaten.**

c) Mit der neuen Übergangsmatrix $\mathbf{A^*} = \begin{pmatrix} 0 & 0 & 50 \\ 0{,}10 & 0 & 0 \\ 0 & 0{,}40 & 0 \end{pmatrix}$ folgt für $\mathbf{A^{*3}} = \begin{pmatrix} 2 & 0 & 0 \\ 0 & 2 & 0 \\ 0 & 0 & 2 \end{pmatrix}$.

Für die **Population nach 3 Monaten** erhält man $\vec{x}_3 = A^{*3} \cdot \vec{x}_0 = \begin{pmatrix} 2000 \\ 480 \\ 60 \end{pmatrix}$.

Die Ausgangspopulation verdoppelt sich alle 3 Monate.

Das Wachstum ist **unbegrenzt.**

$a_1 \cdot a_2 \cdot v = 2$ bedeutet eine Vermehrung um 100 %.

Mit der neuen Übergangsmatrix $\mathbf{A^{**}} = \begin{pmatrix} 0 & 0 & 20 \\ 0{,}10 & 0 & 0 \\ 0 & 0{,}40 & 0 \end{pmatrix}$ folgt für $\mathbf{A^{**3}} = \begin{pmatrix} 0{,}8 & 0 & 0 \\ 0 & 0{,}8 & 0 \\ 0 & 0 & 0{,}8 \end{pmatrix}$.

Für die **Population nach 3 Monaten** erhält man $\vec{x}_3 = A^{**3} \cdot \vec{x}_0 = \begin{pmatrix} 800 \\ 192 \\ 24 \end{pmatrix}$.

Die **Ausgangspopulation** hat sich in 3 Monaten auf 80 % **verringert.**

Die Population **stirbt aus.**

$a_1 \cdot a_2 \cdot v = 0{,}8$ bedeutet eine Abnahme um 20 % in 3 Monaten.

Beachten Sie:

Eine Matrix A heißt **zyklisch,** wenn $A^n = E$ für $n > 1$ ist.

Eine **Populationsentwicklung** wird durch die Übergangsmatrix

$$A = \begin{pmatrix} 0 & 0 & v \\ a_1 & 0 & 0 \\ 0 & a_2 & 0 \end{pmatrix}$$

beschrieben. Dabei sind a_1 und a_2 die **Überlebensraten** und v die **Vermehrungsrate.**

Gilt
- $a_1 \cdot a_2 \cdot v < 1$, stirbt die Population aus.
- $a_1 \cdot a_2 \cdot v = 1$, entwickelt sich die Population zyklisch (Zykluslänge n = 3).
- $a_1 \cdot a_2 \cdot v > 1$, nimmt die Population zu.

Beispiel

➲ Bei einer Tierart werden drei Altersstufen (Jungtiere T_1, ausgewachsene Tiere T_2 und Alttiere T_3) unterschieden. Die jährlichen Änderungen lassen sich durch folgende Übergangsmatrix beschreiben: $A = \begin{pmatrix} 0 & 0 & 10 \\ 0{,}5 & 0 & 0 \\ 0 & 0{,}2 & 0 \end{pmatrix}$.

a) Zeichnen Sie einen Übergangsgraphen und erläutern Sie die Bedeutung der Zahlen 0,2; 0,5 und 10. Beschreibt A einen zyklischen Prozess?
Wenn ja, bestimmen Sie den Zyklus.

b) Bestimmen Sie zur Vermehrungsrate 6 die Überlebensraten so, dass
- sich eine beliebige Population nach 3 Jahren reproduziert. Prüfen Sie Ihr Ergebnis für eine Verteilung von 600 Tieren in T_1, 300 Tieren in T_2 und 100 Tieren in T_3.
- eine beliebige Population nach 3 Jahren um 40 % abgenommen hat.

c) Gibt es eine Verteilung, die sich jährlich reproduziert?

d) Die jährliche Entwicklung hat sich aufgrund von Umwelteinflüssen geändert und lässt sich durch die Übergangsmatrix $A_1 = \begin{pmatrix} 0 & 5 & 10 \\ 0{,}5 & 0 & 0 \\ 0 & 0{,}2 & 0 \end{pmatrix}$ beschreiben. Beschreiben Sie den Unterschied zum Übergangsprozess, der durch A beschrieben wird.

Lösung

a) Übergangsgraph:

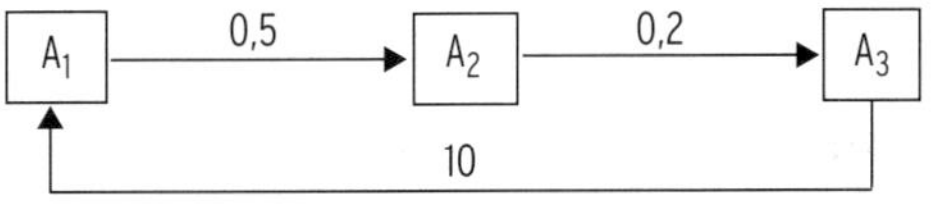

Erläuterung: $a_1 = 0{,}5$; $a_2 = 0{,}2$ sind Überlebensraten, $v = 10$ ist die Vermehrungsrate.
Aus $a_1 \cdot a_2 \cdot v = 0{,}5 \cdot 0{,}2 \cdot 10 = 1$
folgt: A beschreibt einen zyklischen Prozess mit n = 3. In einem **Zyklus von 3 Jahren** stellt sich also wieder die Ausgangspopulation ein.

Bestätigung: $A^2 = \begin{pmatrix} 0 & 2 & 0 \\ 0 & 0 & 5 \\ 0{,}1 & 0 & 0 \end{pmatrix}$ und $A^3 = \begin{pmatrix} 1 & 0 & 0 \\ 0 & 1 & 0 \\ 0 & 0 & 1 \end{pmatrix} = E$

A ist eine zyklische Matrix mit n = 3.

b)
- Aus $v = 6$ und der Bedingung $a_1 \cdot a_2 \cdot v = 1$ ergibt sich z. B.: $a_1 = \frac{1}{3}$; $a_2 = \frac{1}{2}$.

  Mit $A^* = \begin{pmatrix} 0 & 0 & 6 \\ \frac{1}{3} & 0 & 0 \\ 0 & \frac{1}{2} & 0 \end{pmatrix}$ und $\vec{x}_0 = \begin{pmatrix} 600 \\ 300 \\ 100 \end{pmatrix}$ erhält man nach 3 Jahren:

  $\vec{x}_1 = A^* \cdot \vec{x}_0$; $\vec{x}_2 = A^* \cdot \vec{x}_1$; $\vec{x}_3 = A^* \cdot \vec{x}_2$

  Multiplikation mit A^* ergibt: $\vec{x}_1 = \begin{pmatrix} 600 \\ 200 \\ 150 \end{pmatrix}$; $\vec{x}_2 = \begin{pmatrix} 900 \\ 200 \\ 100 \end{pmatrix}$; $\vec{x}_3 = \begin{pmatrix} 600 \\ 300 \\ 100 \end{pmatrix} = \vec{x}_0$

- Aus $v = 6$ und der Bedingung $a_1 \cdot a_2 \cdot 6 = 0{,}6$ ergibt sich z. B.: $a_1 = \frac{1}{5}$; $a_2 = \frac{1}{2}$.

  Hinweis: $A^* = \begin{pmatrix} 0 & 0 & 6 \\ \frac{1}{3} & 0 & 0 \\ 0 & \frac{1}{2} & 0 \end{pmatrix}$ ist eine zyklische, $A^{**} = \begin{pmatrix} 0 & 0 & 6 \\ \frac{1}{5} & 0 & 0 \\ 0 & \frac{1}{2} & 0 \end{pmatrix}$ ist keine zyklische Matrix.

c) Für die stationäre Verteilung gilt: $A \cdot \vec{x} = \vec{x}$

Mit der Population $\vec{x} = \begin{pmatrix} x \\ y \\ z \end{pmatrix}$ erhält man aus $A \cdot \vec{x} = \vec{x}$, also $\begin{pmatrix} 0 & 0 & 10 \\ 0{,}5 & 0 & 0 \\ 0 & 0{,}2 & 0 \end{pmatrix} \cdot \begin{pmatrix} x \\ y \\ z \end{pmatrix} = \begin{pmatrix} x \\ y \\ z \end{pmatrix}$

ein LGS: $10z = x$ (1) $0{,}5x = y$ (2) $0{,}2y = z$ (3)

Einsetzen von (1) in (2) ergibt: $y = 5z$ (identisch mit (3)).

Lösung: $x = 10z;\ y = 5z;\ z$

Damit sind x und y Vielfache von z und der Lösungsvektor lautet $z\begin{pmatrix} 10 \\ 5 \\ 1 \end{pmatrix}$.

Damit bleibt z. B. für $z = 100$ die Population von 1000 Jungtiere T_1, 500 ausgewachsene Tiere T_2 und 100 Alttiere T_3 unverändert.
Die Verteilung von 1000 Tieren in T_1, 500 Tieren in T_2 und 100 Tieren in T_3 ist eine **stationäre** Verteilung.

Z. B. für $z = 5$ ist $\vec{x} = \begin{pmatrix} 50 \\ 25 \\ 5 \end{pmatrix}$ eine stationäre Verteilung.

Hinweis: Wegen $a_1 \cdot a_2 \cdot v = 0{,}5 \cdot 0{,}2 \cdot 10 = 1$ reproduziert sich jede Verteilung nach 3 Jahren. Spezielle Populationen reproduzieren sich bereits nach einem Jahr (**stationäre** Verteilungen).

d) Bei dieser Tierart sind ausgewachsene Tiere A_2 und Alttiere A_3 fortpflanzungsfähig.

Aufgaben

1 Das folgende Modell beschreibt die Entwicklung eines Käfers: Aus den Eiern schlüpfen nach einem Monat Larven, nach einem weiteren Monat werden diese zu Käfern, die nach einem Monat Eier legen und dann sterben. Aus einem Viertel der Eier werden Larven. Von den Larven wird die Hälfte zu Käfern, die andere Hälfte stirbt. Jeder Käfer legt 8 Eier.

a) Stellen Sie das beschriebene Modell mit einem Graphen dar und bestätigen Sie die Prozessmatrix $A = \begin{pmatrix} 0 & 0 & 8 \\ 0{,}25 & 0 & 0 \\ 0 & 0{,}5 & 0 \end{pmatrix}$. Wie entwickelt sich die Population von 40 Eiern, 40 Larven und 40 Käfern nach einem Monat?

b) Bestimmen Sie einen Anfangsbestand, der nach einem Monat unverändert ist.

c) Bestimmen Sie für die Populationsmatrix A die Potenzen A^2 und A^3.
Interpretieren Sie diesen Sachverhalt im Kontext der Population.

2 Zeigen Sie: Die Matrix $A = \begin{pmatrix} 0 & 0 & 0 & 80 \\ 0{,}25 & 0 & 0 & 0 \\ 0 & 0{,}25 & 0 & 0 \\ 0 & 0 & 0{,}2 & 0 \end{pmatrix}$ ist zyklisch für $n = 4$.

3 Bestimmen die die Populationsmatrix A.
Ist A zyklisch? Begründen Sie.

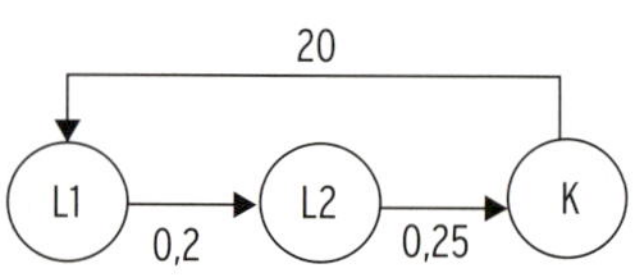

4 Die Übergangsmatrix $A = \begin{pmatrix} 0 & 0 & 30 \\ 0{,}3 & 0 & 0 \\ 0 & b & 0 \end{pmatrix}$ beschreibt die jährliche Änderung einer Population.

a) Wie entwickelt sich für b = 0,2 ein Anfangsbestand von $\begin{pmatrix} 300 \\ 250 \\ 40 \end{pmatrix}$ im Laufe von drei Jahren? Interpretieren Sie die Entwicklung.

b) Für welches b reproduziert sich eine beliebige Startpopulation nach 3 Jahren? Für welches b nimmt eine beliebige Startpopulation nach 3 Jahren um 20 % zu?

5 Bei einer Tierart werden drei Altersstufen (Jungtiere A_1, ausgewachsene Tiere A_2 und Alttiere A_3) unterschieden. Das Prozessdiagramm beschreibt die jährlichen Veränderungen einer Population dieser Tierart.

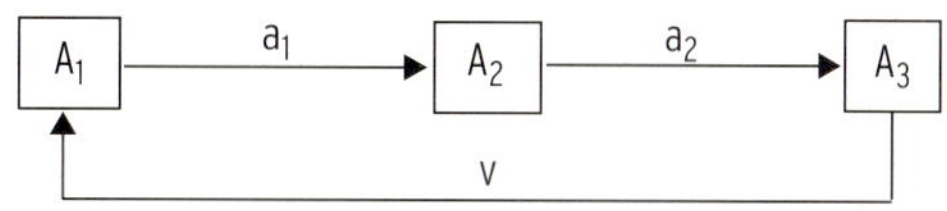

a) Bestimmen Sie die Übergangsmatrix A für $a_1 = 0{,}5$, $a_2 = 0{,}1$ und v = 20. Zeigen Sie, dass A zyklisch ist für n = 3.

b) Bestimmen Sie eine Altersverteilung von insgesamt 310 Tieren, die sich jährlich reproduziert.

c) Die jährliche Entwicklung lässt sich durch die Übergangsmatrix $A^* = \begin{pmatrix} 0 & 15 & 10 \\ 0{,}4 & 0 & 0 \\ 0 & 0{,}2 & 0 \end{pmatrix}$ beschreiben. Beschreiben Sie den Unterschied zu **a)**.

6 Fischzüchter haben sich über die Entwicklung der Fische informiert und Folgendes in Erfahrung gebracht: Nur die Altfische (A) legen Eier, aus denen sich ein Teil im ersten Jahr zu Jungfischen (J) entwickelt. Jeder Altfisch erzeugt auf diesem Wege im Durchschnitt 45 Jungfische. Aus 10 % der Jungfische werden im zweiten Jahr Fische mittleren Alters (M), der Rest verstirbt oder wird gefressen. Die Überlebensrate der Fische mittleren Alters beträgt 20 %. Diese werden im darauf folgenden Jahr Altfische, die nach der Eiablage abgefischt werden. Die Übergangsmatrix hat die Form $A = \begin{pmatrix} 0 & 0 & v \\ a_1 & 0 & 0 \\ 0 & a_2 & 0 \end{pmatrix}$.

a) Zeichnen Sie ein Übergangsdiagramm mit den entsprechenden Zahlenwerten.

b) Die Züchter setzen im ersten Jahr 5000 Jungfische und 1000 Fische mittleren Alters aus. Bestätigen Sie, dass der Bestand nach drei Jahren aus 4500 Jungfischen, 900 Fischen mittleren Alters und 0 Altfischen besteht.

c) Dieser Bestand (4500 J, 900 M, 0 A) soll als Startpopulation gelten. Ermitteln Sie A^3 für die Fischpopulation und bestimmen Sie mit deren Hilfe den Bestand nach 3 und nach 6 Jahren. Interpretieren Sie Ihre Ergebnisse hinsichtlich der langfristigen Entwicklung der Population.

d) Nach einigen Jahren befinden sich 3870 Jungfische, 215 Fische mittleren Alters und 86 Altfische im Teich. Ermitteln Sie die Vorjahrespopulation.

e) Die Vermehrungsrate v der Altfische soll gesteigert werden. Ermitteln Sie, bei welcher Vermehrungsrate v die Startpopulation im 3-Jahres-Zyklus stabil bleiben würde.

f) Die Übergangsmatrix hat sich geändert zu $A^* = \begin{pmatrix} 0 & 0 & 45 \\ 0{,}1 & 0 & 0 \\ 0 & 0{,}2 & 0{,}5 \end{pmatrix}$. Erläutern Sie.

Aufgaben zu Übergangsprozessen

1 Drei Wochenzeitschriften Z_1, Z_2 und Z_3 beherrschen den Zeitschriftenmarkt einer Kleinstadt. Das Diagramm beschreibt das monatliche Wechselverhalten der Leser.

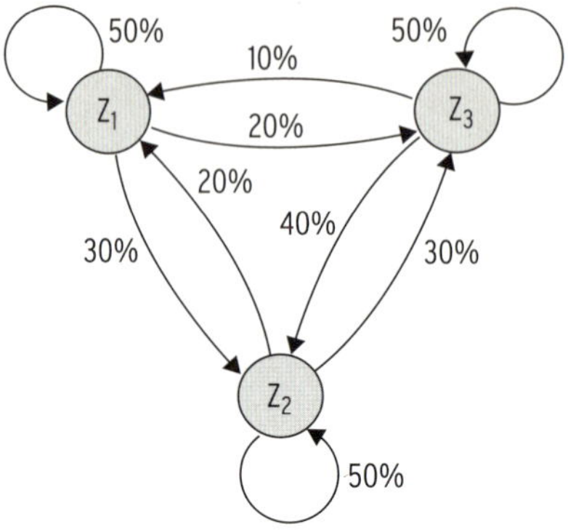

a) Erstellen Sie die Übergangsmatrix A für einen Monat und interpretieren Sie die Elemente der 2. Spalte.

b) Eine aktuelle Markterhebung hat ergeben, dass sich die Marktanteile der drei Zeitschriften wie 1 : 1 : 3 verhalten. Berechnen Sie die voraussichtlichen Marktanteile der drei Zeitschriften nach einem Monat und nach 2 Monaten.

c) Die Grenzmatrix lautet $G = \frac{1}{55}\begin{pmatrix} 13 & 13 & 13 \\ 23 & 23 & 23 \\ 19 & 19 & 19 \end{pmatrix}$.

Bestimmen Sie die langfristige Verteilung der Marktanteile auf 1 Dezimale gerundet.

2 Beim Vergleich zweier aufeinanderfolgender Landtagswahlen ergibt sich folgende prozentuale Wählerwanderung:

	von Partei C	von Partei S	von Nichtwähler
an Partei C	70 %	10 %	40 %
an Partei S	20 %	80 %	20 %
an Nichtwähler	10 %	10 %	40 %

Diese Wählerwanderung bei zwei aufeinanderfolgenden Landtagswahlen wird für die folgenden Fragen als konstant vorausgesetzt.

a) Bei einer Landtagswahl haben 45 % der Wahlberechtigten die Partei C und 35 % der Wahlberechtigten die Partei S gewählt. 20 % der Wahlberechtigten waren Nichtwähler. Wie viel Prozent der Wahlberechtigten werden bei der darauffolgenden Landtagswahl die Partei C bzw. die Partei S wählen?

b) Es wird Folgendes angenommen: Bei zwei aufeinanderfolgenden Landtagswahlen ändert sich der Anteil der Nichtwähler an den Wahlberechtigten nicht, und auch das Wahlergebnis der beiden Parteien bleibt konstant.
Wie viel Prozent der Wahlberechtigten wählen dann die Partei C bzw. die Partei S?
Wie viel Prozent der Wahlberechtigten sind dann Nichtwähler?

3 Zeigen Sie: $A = \begin{pmatrix} 0 & 0 & 50 \\ 0{,}1 & 0 & 0 \\ 0 & 0{,}2 & 0 \end{pmatrix}$ ist eine zyklische Matrix mit einem Zyklus von n = 3.

4 In einer Population von 100 Individuen vererbt jedes Individuum auf seinen einzigen Nachkommen ein bestimmtes Merkmal in den Ausprägungen 1, 2 oder 3.

Die Übergangsmatrix für diese Vererbung lautet: $A = \begin{pmatrix} 0{,}2 & 0{,}1 & 0 \\ 0{,}8 & 0{,}5 & 0{,}2 \\ 0 & 0{,}4 & 0{,}8 \end{pmatrix}$.

Dabei bedeuten z. B. die Einträge in der ersten Spalte der Matrix:
Von den Individuen mit Merkmalsausprägung 1 haben 20 % einen Nachkommen mit Ausprägung 1, 80 % einen Nachkommen mit Ausprägung 2 und keines einen Nachkommen mit Ausprägung 3.
Geben Sie eine Verteilung der Merkmalsausprägungen an, die in allen nachfolgenden Generationen stabil bleibt.

5 Die Grenzmatrix einer Verteilung ist gegeben durch $G = \begin{pmatrix} 0{,}25 & 0{,}25 & 0{,}25 \\ 0{,}35 & 0{,}35 & 0{,}35 \\ 0{,}40 & 0{,}40 & 0{,}40 \end{pmatrix}$.

Berechnen Sie $G \cdot \begin{pmatrix} 800 \\ 700 \\ 600 \end{pmatrix}$.

Interpretieren Sie Ihr Ergebnis.

6 Die Entwicklung einer Säugetierart wird durch die Matrix $A = \begin{pmatrix} 0 & 0 & 2 \\ k & 0 & 0 \\ 0 & 0{,}8 & 0 \end{pmatrix}$ beschrieben. Zu Beginn wird in einem Nationalpark die Population $\vec{x}_0 = \begin{pmatrix} 40 \\ 20 \\ 25 \end{pmatrix}$ gezählt.

a) Zeichnen Sie einen Übergangsgraph für die Überlebensrate k = 0,625. Bestimmen Sie die Populationsentwicklung für die ersten drei Zeitschritte. Warum verläuft diese Entwicklung zyklisch? Welche maximale Anzahl an Säugetieren dieser Art bevölkert den Park?

b) Durch Änderungen der Umweltbedingungen wird k = 0,7. Wie entwickelt sich die Population jetzt langfristig? Welche Population beobachtet man nach sechs Zeitschritten?

c) Der Nationalpark kann maximal 110 Tiere dieser Art beherbergen. Nach welcher Zeit müssen Gegenmaßnahmen ergriffen werden?

7 Ein Insekt legt 10 Eier. 40% der Eier werden in der Entwicklungsphase zerstört. Aus den übrigen Eiern entstehen Larven, von denen aber nur $16\frac{2}{3}$ % zu Insekten werden.
Bestimmen Sie die Übergangsmatrix.
Aufgrund genetischer Veränderungen wurde in letzter Zeit festgestellt, dass sich mehr Larven zu Insekten entwickeln. Die Rate ist um 8 % gestiegen. Bestimmen Sie die veränderte Übergangsmatrix.

8 Drei Autobauer A, B und C bringen aufgrund neuer Umweltvorschriften nahezu gleichzeitig einen neuen umweltfreundlichen Kleinwagen auf den Markt. Bisher waren die Marktanteile auf dem Kleinwagensektor wie folgt verteilt: A 40 %, B 30 % und C 30 %. Die Einführung der neuen Modelle bewirkt, dass 80 % der Käufer von A bei A bleiben, während 15 % der Käufer von A zu B und 5 % zu C wechseln. B behält 85 % seines Marktanteils, gibt aber an A 5 % und an C 10 % seines Marktanteils ab. C behält 60 % seines Marktanteils und gibt an A und an B jeweils 20 % seines Marktanteils ab.

a) Geben Sie die Verkaufszahlen für den Monat vor der Einführung der neuen Modelle an, wenn insgesamt 1,2 Mio. neue Autos in diesem Monat am Markt verkauft wurden.

b) Berechnen Sie die Verteilung der Marktanteile nach Einführung der neuen Modelle.

c) Langfristig wird den Autokäufern ein stabiles Wechselverhalten unterstellt. Untersuchen Sie, welcher der folgenden Vektoren die stationäre Verteilung (auf 2 Dezimalen gerundet) beschreibt:

$\vec{x} = \begin{pmatrix} 0,35 \\ 0,45 \\ 0,30 \end{pmatrix}$; $\vec{y} = \begin{pmatrix} 0,50 \\ 0,30 \\ 0,20 \end{pmatrix}$; $\vec{z} = \begin{pmatrix} 0,30 \\ 0,53 \\ 0,17 \end{pmatrix}$.

Begründen Sie Ihr Ergebnis.

9 Der Kiosk verkauft täglich 75 Exemplare von zwei Tageszeitungen V und W. Dabei bleiben 70 % der V-Leser und 80 % der W-Leser ihrer Zeitung treu.

a) Bestimmen Sie die Übergangsmatrix.

b) Am Dienstag werden 40 V-Zeitungen verkauft. Bestimmen Sie die Verkaufszahlen der beiden Zeitungen für Montag und für Mittwoch.

c) Die Matrizenmultiplikation liefert $A^{20} = \begin{pmatrix} 0,40 & 0,40 \\ 0,60 & 0,60 \end{pmatrix}$. Welche Bedeutung haben die Matrixelemente für die Verkaufszahlen der beiden Tageszeitungen?
Bestätigen Sie ihre Vermutung durch Berechnung des Fixvektors mithilfe eines LGS.

d) Ein Zeitschriftenverlag plant die Einführung einer dritten Tageszeitung T. Eine Marktanalyse ergab, dass je 10 % der Leser von V und W die neue Tageszeitung bevorzugen, aber auch einige der Wechselleser die neue Tageszeitung kaufen.

Ergänzen Sie die fehlenden Elemente der Übergangsmatrix $A^* = \begin{pmatrix} 0,\ldots & 0,15 & 0,2 \\ 0,25 & 0,\ldots & 0,1 \\ 0,\ldots & 0,\ldots & 0,\ldots \end{pmatrix}$.

Vor der Einführung kaufen 40 % der Leser die Zeitung V, 60 % die Zeitung W. Hat die neue Zeitung nach zwei Tagen einen Marktanteil von 15 %? Begründen Sie.

Test zur Überprüfung Ihrer Grundkenntnisse

1 Vervollständigen Sie das Diagramm. Bestimmen Sie die Übergangsmatrix.

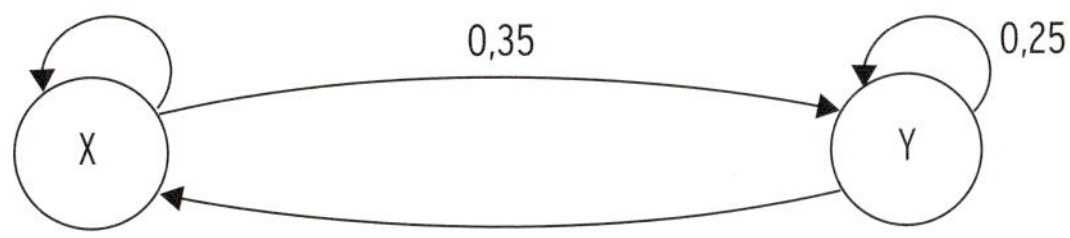

2 Gegeben ist die Übergangsmatrix $A = \begin{pmatrix} 0{,}7 & 0{,}1 & 0{,}05 \\ 0{,}1 & 0{,}8 & 0{,}05 \\ 0{,}2 & 0{,}1 & 0{,}9 \end{pmatrix}$.

Zeichnen Sie einen Übergangsgraph. Bestimmen Sie die Verteilung $\vec{x}_1$ für den Startvektor $\vec{x}_0 = \begin{pmatrix} 100 \\ 80 \\ 200 \end{pmatrix}$.

3 Die Bewohner einer Stadt können zwischen drei Frisörsalons F, N und V wählen. Der nebenstehende Graph gibt das Wahlverhalten der Bewohner von einem Besuch zum nächsten an.
Es soll davon ausgegangen werden, dass die Gesamtanzahl der Frisörbesuche konstant bleibt.

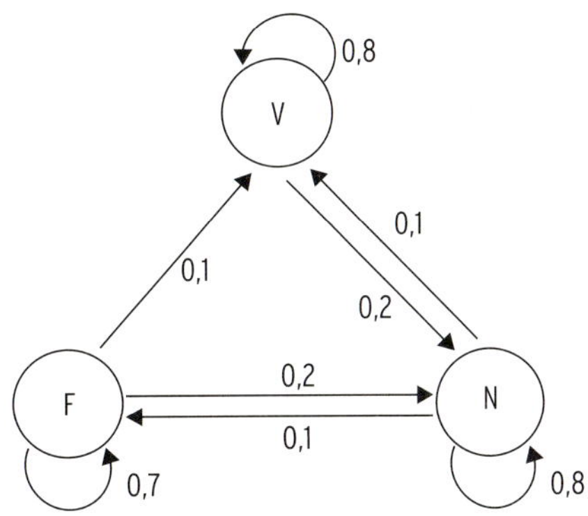

a) Geben Sie die in der zugehörigen Übergangsmatrix A fehlenden Werte an:

$A = \begin{pmatrix} \square & 0{,}1 & \square \\ 0{,}2 & 0{,}8 & 0{,}2 \\ \square & 0{,}1 & \square \end{pmatrix}$

b) Geben Sie den Wert d der Matrix $A^2 = \begin{pmatrix} a & b & c \\ d & e & f \\ g & h & i \end{pmatrix}$ an.
Interpretieren Sie diesen Wert.

4 Die Populationsentwicklung einer Tierart wird durch die Matrix $A = \begin{pmatrix} 0 & 0 & 8 \\ 0{,}5 & 0 & 0 \\ 0 & 0{,}25 & 0 \end{pmatrix}$ beschrieben.

a) Zeichnen Sie den Übergangsgraphen und beschreiben Sie diesen Graphen aus biologischer Sicht.

b) Zeigen Sie, dass es eine Population gibt, die sich jährlich wiederholt.
Bestimmen Sie die Altersverteilung in dieser stationären Population, wenn sie insgesamt 2600 Tiere umfasst.

8 Bohner, Ott, Deusch - ISBN 978-3-8120-0639-2

ANHANG

Musteraufgaben für das Abitur

Teil 1 (ohne Hilfsmittel) Lineare Algebra: Mathematische Beschreibung von Prozessen durch Matrizen

Hinweis: Teil 1 (ohne Hilfsmittel) Aufgabe 4 umfasst 5 bis 8 Punkte.

Beispiel 1 Punkte

4.1 Anna, Biggi und Chris schicken sich öfter SMS-Nachrichten. In der letzten Woche schrieb Anna an Biggi 58 und an Chris 42 SMS, Biggi schrieb 62 an Anna und 38 an Chris. Chris schrieb an Anna und Biggi jeweils 50 SMS. 4
Stellen Sie die SMS-Kontakte grafisch dar.
Begründen Sie, dass in der Hauptdiagonale der Matrix, die die Häufigkeit der SMS-Kontakte wiedergibt, stets 0 steht.

4.2 A, B und X sind 3×3-Matrizen. Bei welchen der folgenden Terme kann X ausgeklammert werden? 4
(1) $A \cdot X + X$
(2) $X \cdot A + B \cdot X$
In manchen Fällen kann man die Gleichung $A \cdot X + 2X = B$ nicht nach X umstellen. Geben Sie dafür eine mögliche Matrix A an.

Beispiel 2 Punkte

4.1 Die Kunden eines Getränkemarktes kaufen wöchentlich eine der beiden Fruchtsaftspezialitäten Apfelsaft (A) oder Orangensaft (O). Das Übergangsdiagramm beschreibt das Kaufverhalten der Kunden von einer Woche zur folgenden Woche. 4

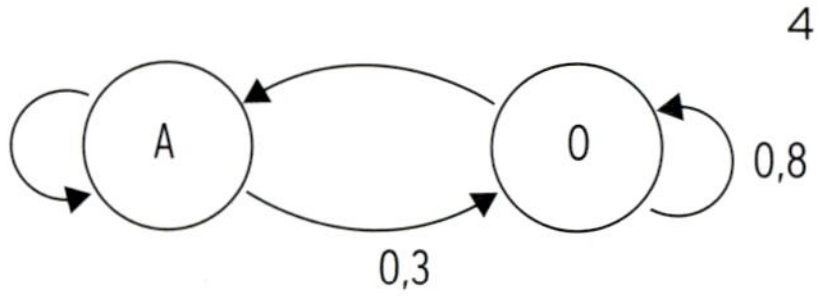

Man nimmt an, dass sich das Kaufverhalten auf Dauer nicht verändert.

Geben Sie die vollständige Übergangsmatrix $M = \begin{pmatrix} \square & \square \\ 0{,}3 & \square \end{pmatrix}$ an.
Erläutern Sie die Bedeutung der Elemente der Hauptdiagonale von M^2.

4.2 Gegeben ist die Matrix $A = \begin{pmatrix} 0{,}8 & 0{,}6 \\ 0{,}2 & 0{,}4 \end{pmatrix}$. 3
Lösen Sie die Matrizengleichung $(E - A)\vec{x} = \vec{0}$.
E ist hierbei die zugehörige Einheitsmatrix.

Teil 4 (mit Hilfsmittel) Lineare Algebra: Mathematische Beschreibung von Prozessen durch Matrizen

Hinweis: Teil 4 (mit Hilfsmittel) Aufgabe 1 umfasst 15 Punkte.

Beispiel 1 Punkte

1.1 Drei Energieversorger A, B und C konkurrieren in einer Gemeinde um 2800 Haushalte. Werbeaktionen veranlassen am Jahresende viele Verbraucher, den Energieversorger zu wechseln. 4

Von A wechseln 50 % zu B und 10 % zu C. Von B wechseln 20 % zu A und 10 % zu C. Von C wechseln 10 % zu A und 50 % zu B.

Die übrigen bleiben bei ihrem Versorger. Im Jahr 2014 sind 1000 Haushalte bei A und 1000 bei B, die übrigen bei C.

Geben Sie die Übergangsmatrix an. Berechnen Sie, wie viele Haushalte von den einzelnen Energieversorgern im Jahr 2015 beliefert werden.

1.2 In der Nachbargemeinde sind ebenfalls die Anbieter A und B sowie ein weiterer Anbieter D am Markt. Das Wechselverhalten der Haushalte wird mit nebenstehender Tabelle beschrieben.

zu \ von	A	B	D
A	0,3	0,2	u
B	0,5	0,6	v
D	0,2	0,2	w

1.2.1 Angenommen, u hat den Wert 0,1. Welche Werte für v und w sind dann möglich? 4

Nehmen Sie Stellung zur Behauptung: Die Kunden von B zeigen mehr Kundentreue als die von A.

1.2.2 Bestimmen Sie u, v und w, sodass sich die Anteile der Haushalte bei den Anbietern A, B und D von einem Jahr zum anderen nicht ändern, wobei sich die Anteile von A, B und D wie 1 : 3 : 1 verhalten. 7

15

Beispiel 2 Punkte

1 Im April ist das Wetter am Bodensee äußerst wechselhaft. Erfahrungsgemäß folgt auf einen überwiegend regnerischen Tag (R) mit 10 % Wahrscheinlichkeit ein überwiegend sonniger Tag (S) und mit 30 % Wahrscheinlichkeit ein überwiegend trüber Tag (T). Die Wahrscheinlichkeit, dass auf einen Sonnentag wieder ein Sonnentag oder aber ein Regentag folgt, ist ebenfalls jeweils 30 %. Auf einen trüben Tag folgt mit 70 % Wahrscheinlichkeit ein Regentag und mit 20 % Wahrscheinlichkeit bleibt es trübe.

1.1 Veranschaulichen Sie diese Informationen in einem Übergangsgraphen und ergänzen Sie die fehlenden Angaben. 4

1.2 Ein Online-Wetterdienst sagt für den 1. April 2015 für die Bodenseeregion voraus, dass es mit 30 % Wahrscheinlichkeit regnet und mit 20 % Wahrscheinlichkeit sonnig ist. Berechnen Sie die Wahrscheinlichkeiten für die drei möglichen Wetterzustände am 2. April 2015. 5

1.3 Es wird angenommen, dass sich die Übergangswahrscheinlichkeiten für die drei Wetterzustände R, S und T am Bodensee nicht ändern. Zeigen Sie, dass es dann eine Wahrscheinlichkeitsverteilung gibt, die auf Dauer stabil bleibt. 6

15

Lösungen der Modellierungen und Tests

Modellierung einer Situation, Lehrbuch Seite 9

x_1 ist die Anzahl der Motorboote, x_2 die Anzahl der Elektroboote und x_3 die Anzahl der Tretboote.

Gleichungen:

$$\begin{aligned} x_1 + \quad x_2 + \quad x_3 &= 37 \\ 40x_1 + 30x_2 + 15x_3 &= 945 \\ x_2 &= x_3 - 6 \end{aligned}$$

Zugehörige Matrix:

$$\begin{matrix} x_1 & x_2 & x_3 & \end{matrix}$$
$$\left(\begin{array}{ccc|c} 1 & 1 & 1 & 37 \\ 40 & 30 & 15 & 945 \\ 0 & 1 & -1 & -6 \end{array}\right) \sim \left(\begin{array}{ccc|c} 1 & 1 & 1 & 37 \\ 0 & 10 & 25 & 535 \\ 0 & 1 & -1 & -6 \end{array}\right) \sim \left(\begin{array}{ccc|c} 1 & 1 & 1 & 37 \\ 0 & 10 & 25 & 535 \\ 0 & 0 & 35 & 595 \end{array}\right)$$

Auflösung ergibt: $x_1 = 9$; $x_2 = 11$ und $x_3 = 17$. Der Bootsverleiher besitzt 9 Motorboote, 11 Elektroboote und 17 Tretboote.

In der letzten Stunde vor Ausleihschluss sind x_1 Motorboote, x_2 Elektroboote und x_3 Tretboote auf dem See.

Gleichungen:

$$\begin{aligned} x_1 + \quad x_2 + \quad x_3 &= 20 \\ 40x_1 + 30x_2 + 15x_3 &= 470 \end{aligned}$$

Zugehörige Matrix:

$$\begin{matrix} x_1 & x_2 & x_3 & \end{matrix}$$
$$\left(\begin{array}{ccc|c} 1 & 1 & 1 & 20 \\ 40 & 30 & 15 & 470 \end{array}\right) \sim \left(\begin{array}{ccc|c} 1 & 1 & 1 & 20 \\ 0 & 10 & 25 & 330 \end{array}\right)$$

Das LGS ist mehrdeutig lösbar. $x_3 = r$; $x_2 = 33 - 2{,}5r$; $x_1 = -13 + 1{,}5r$.
x_3, x_2 und x_1 müssen natürliche Zahlen sein.
$x_2 = 33 - 2{,}5r > 0$ und $x_1 = -13 + 1{,}5r > 0$ für $9 \leq r \leq 13$.
x_2 und x_1 sind natürliche Zahlen für $r = 10$ oder $r = 12$.
Es können 2 oder 5 Motorboote auf dem See sein.

r	10	12
x_1	2	5

Test zur Überprüfung Ihrer Grundkenntnisse, Lehrbuch Seite 27

1 a) $\left(\begin{array}{ccc|c} 3 & 2 & -1 & -2 \\ 2 & -3 & 1 & 9 \\ 0 & 4 & 1 & -7 \end{array}\right) \sim \left(\begin{array}{ccc|c} 3 & 2 & -1 & -2 \\ 0 & -13 & 5 & 31 \\ 0 & 0 & 33 & 33 \end{array}\right)$. Das LGS ist eindeutig lösbar. $\vec{x} = \begin{pmatrix} 1 \\ -2 \\ 1 \end{pmatrix}$

b) $\left(\begin{array}{ccc|c} 2 & 1 & 1 & -2 \\ 0 & 2 & -1 & 0 \\ 4 & 4 & 1 & -4 \end{array}\right) \sim \left(\begin{array}{ccc|c} 2 & 1 & 1 & -2 \\ 0 & 2 & -1 & 0 \\ 0 & 0 & 0 & 0 \end{array}\right)$. Das LGS ist mehrdeutig lösbar. $\vec{x} = \begin{pmatrix} -1 - 0{,}75r \\ 0{,}5r \\ r \end{pmatrix}$; $r \in \mathbb{R}$

c) $\left(\begin{array}{ccc|c} 1 & 2 & 0 & -3 \\ 1 & 3 & 4 & -2 \\ 0 & 1 & 4 & 5 \end{array}\right) \sim \left(\begin{array}{ccc|c} 1 & 2 & 0 & -3 \\ 0 & 1 & 4 & 1 \\ 0 & 0 & 0 & 4 \end{array}\right)$. Das LGS ist unlösbar.

2 $\left(\begin{array}{ccc|c} 1 & 4 & 1 & 10 \\ 1 & 2 & 1 & 8 \\ 1 & 1 & 1 & 7 \end{array}\right) \sim \left(\begin{array}{ccc|c} 1 & 4 & 1 & 10 \\ 0 & 2 & 0 & 2 \\ 0 & 3 & 0 & 3 \end{array}\right) \sim \left(\begin{array}{ccc|c} 1 & 4 & 1 & 10 \\ 0 & 2 & 0 & 2 \\ 0 & 0 & 0 & 0 \end{array}\right)$.

Das LGS ist mehrdeutig lösbar.

Hinweis: Lösungsvektor: $\vec{x} = \begin{pmatrix} 6 - r \\ 1 \\ r \end{pmatrix}$; $r \in \mathbb{R}$

3 a) $\left(\begin{array}{cc|c} 1 & 8 & -1 \\ 1 & 2 & 2 \\ 2 & 6 & 3 \end{array}\right) \sim \left(\begin{array}{cc|c} 1 & 8 & -1 \\ 0 & 6 & -3 \\ 0 & -10 & 5 \end{array}\right) \sim \left(\begin{array}{cc|c} 1 & 8 & -1 \\ 0 & 6 & -3 \\ 0 & 0 & 0 \end{array}\right)$

Das LGS ist eindeutig lösbar. Lösungsvektor: $\vec{x} = \begin{pmatrix} 3 \\ -0{,}5 \end{pmatrix}$

b) $\left(\begin{array}{ccc|c} 2 & 3 & -5 & -1 \\ -1 & -1 & 3 & 1 \end{array}\right) \sim \left(\begin{array}{ccc|c} 2 & 3 & -5 & -1 \\ 0 & 1 & 1 & 1 \end{array}\right)$

Das LGS ist mehrdeutig lösbar. Lösungsvektor: $\vec{x} = \begin{pmatrix} -2+4r \\ 1 - r \\ r \end{pmatrix}$; $r \in \mathbb{R}$

4 $x_3 = 0$ einsetzen: $\left(\begin{array}{cc|c} 2 & 1 & 3 \\ 1 & -1 & 3 \\ 4 & 3 & 5 \end{array}\right) \sim \left(\begin{array}{cc|c} 2 & 1 & 3 \\ 0 & 3 & -3 \\ 0 & 1 & -1 \end{array}\right) \sim \left(\begin{array}{cc|c} 2 & 1 & 3 \\ 0 & 3 & -3 \\ 0 & 0 & 0 \end{array}\right)$. $x_2 = -1$; $x_1 = 2$

Lösungsvektor mit $x_3 = 0$: $\vec{x} = \begin{pmatrix} 2 \\ -1 \\ 0 \end{pmatrix}$

5 x_1 ist der Preis für ein Gebinde M, x_2 für ein Gebinde S und x_3 für ein Gebinde C.

LGS: $\left(\begin{array}{ccc|c} 2 & 4 & 5 & 80 \\ 3 & 2 & 6 & 75 \\ 2 & 5 & 5 & 89 \end{array}\right) \sim \left(\begin{array}{ccc|c} 2 & 4 & 5 & 80 \\ 0 & -8 & -3 & -90 \\ 0 & 1 & 0 & 9 \end{array}\right)$. $x_1 = 7$; $x_2 = 9$; $x_3 = 6$

1 Gebinde M kostet 7 €, 1 Gebinde S kostet 9 € und 1 Gebinde C kostet 6 €.

Gewinn: $7 \cdot 0{,}2 \cdot 7\text{ €} + 11 \cdot 0{,}3 \cdot 9\text{ €} + 16 \cdot 0{,}25 \cdot 6\text{ €} = 63{,}50\text{ €}$

Modellierung einer Situation, Lehrbuch Seite 28

a) Schätzung für die Jahresproduktion:

$$12P = 12\begin{pmatrix} 11 & 12 & 30 & 15 \\ 12 & 14 & 25 & 20 \\ 8 & 8 & 10 & 9 \end{pmatrix}$$

$$12P = \begin{pmatrix} 132 & 144 & 360 & 180 \\ 144 & 168 & 300 & 240 \\ 96 & 96 & 120 & 108 \end{pmatrix}$$

b) **Gewinn jedes einzelnen Betriebes**

Erlöse: $(1{,}5 \;\; 2 \;\; 1{,}1) \cdot P = (49{,}3 \;\; 54{,}8 \;\; 106 \;\; 72{,}4)$

Kosten pro Einheit: $(0{,}8 \;\; 1{,}4 \;\; 0{,}7) \cdot P = (31{,}2 \;\; 34{,}8 \;\; 66 \;\; 46{,}3)$

Fixkosten pro Betrieb: 5,25 GE

Gewinn in GE: Betrieb 1: $49{,}3 - 31{,}2 - 5{,}25 = 12{,}85$

Betrieb 2: $54{,}8 - 34{,}8 - 5{,}25 = 14{,}75$

Betrieb 3: $106 - 66 - 5{,}25 = 34{,}75$

Betrieb 4: $72{,}4 - 46{,}3 - 5{,}25 = 20{,}85$

Verschlüsselte Nachricht:

$$A^{-1} \cdot \begin{pmatrix} 17 & 41 & 42 \\ 39 & 91 & 98 \end{pmatrix} = \begin{pmatrix} 5 & -2 \\ -2 & 1 \end{pmatrix} \cdot \begin{pmatrix} 17 & 41 & 42 \\ 39 & 91 & 98 \end{pmatrix} = \begin{pmatrix} 7 & 23 & 14 \\ 5 & 9 & 14 \end{pmatrix}$$

Entschlüsselte Nachricht: Gewinn

Test zur Überprüfung Ihrer Grundkenntnisse, Lehrbuch Seite 53

1 a) $(6{,}5 \;\; 5 \;\; 6)$ b) $\begin{pmatrix} -3 \\ -29 \\ 7 \end{pmatrix}$ c) $\begin{pmatrix} 0{,}25 & 7 \\ -3{,}5 & 2 \end{pmatrix}$ d) $\begin{pmatrix} 8 & 0 \\ 7 & 1 \end{pmatrix}$

2 $\begin{pmatrix} 8 & 4 \\ 4 & 2 \end{pmatrix} \cdot \begin{pmatrix} 2 & -3 \\ -4 & 6 \end{pmatrix} = \begin{pmatrix} 0 & 0 \\ 0 & 0 \end{pmatrix}$

Bei reellen Zahlen gilt: Das Produkt zweier Zahlen ergibt Null, wenn einer der Faktoren Null ist.

3 Multiplizieren ergibt das LGS

$$\begin{aligned} x_1 + 3x_2 + 4x_3 &= 8 \\ 3x_2 + 6x_3 &= 9 \\ 5x_1 + 12x_2 + 18x_3 &= 39 \end{aligned}$$

mit der Lösung $x_1 = 3$; $x_2 = -1$; $x_3 = 2$.

4 a) $A^{-1} = \frac{1}{10}\begin{pmatrix} 2 & -4 \\ 1 & 3 \end{pmatrix}$ b) $A^{-1} = \begin{pmatrix} 0 & -1 & 1 \\ 0{,}5 & 0{,}5 & -0{,}5 \\ -1 & 0 & 1 \end{pmatrix}$

5 a) $X = (C - B)B^{-1}$ b) $X = (A - B)^{-1}C$ c) $X = (A - 2E)^{-1}$

6 $X = (A - E)^{-1}A$

$A - E = \begin{pmatrix} 0 & 2 \\ -1 & 0 \end{pmatrix}$; $(A - E)^{-1} = \begin{pmatrix} 0 & -1 \\ 0{,}5 & 0 \end{pmatrix}$; $X = \begin{pmatrix} 1 & -1 \\ 0{,}5 & 1 \end{pmatrix}$

7 $\begin{pmatrix} 1 & 0 \\ 7 & -3 \end{pmatrix}^{-1} \cdot \begin{pmatrix} 1 & 9 & 21 \\ 1 & 3 & 93 \end{pmatrix} = \begin{pmatrix} 1 & 9 & 21 \\ 2 & 20 & 18 \end{pmatrix}$

Das Wort Abitur wurde verschlüsselt.

8 a) $A \cdot B = E = \begin{pmatrix} 1 & 0 \\ 0 & 1 \end{pmatrix}$

b) $C \cdot \begin{pmatrix} 1 \\ 1 \end{pmatrix} = C \cdot \begin{pmatrix} 1 \\ 0 \end{pmatrix} + C \cdot \begin{pmatrix} 0 \\ 1 \end{pmatrix} = \begin{pmatrix} 4 \\ 2 \end{pmatrix} + \begin{pmatrix} 2 \\ 3 \end{pmatrix} = \begin{pmatrix} 6 \\ 5 \end{pmatrix}$

Modellierung einer Situation, Lehrbuch Seite 54

Gesamte variable Herstellkosten für den Auftrag:

$$\left((1\ \ 3)\, C_{RE} + (3\ \ 4\ \ 2)\, B_{ZE} + (4\ \ 2\ \ 3)\right) \cdot \begin{pmatrix} 35 \\ 27 \\ 34 \end{pmatrix}$$

$$= (63\ \ 63\ \ 92) \cdot \begin{pmatrix} 35 \\ 27 \\ 34 \end{pmatrix} = 7034$$

Die Differenz zum Angebot (= Gewinn + fixe Kosten) beträgt nur etwa 200 GE.
Rechnet man die fixen Kosten, die zu erfragen sind, dazu, ist der Auftrag abzulehnen.

Berechnung des fehlenden Rohstoffverbrauchs aus $A_{RZ} \cdot B_{ZE} = C_{RE}$,
z. B.:

$3 + 3x = 12 \Rightarrow x = 3$

$3y + 4 = 10 \Rightarrow y = 2$

also $A_{RZ} = \begin{pmatrix} 2 & 3 & 1 \\ 0 & 2 & 4 \end{pmatrix}$

Gesamte variable Herstellkosten für den neuen Auftrag für die Zwischenprodukte:

$$\left((1\ \ 3)\, A_{RZ} + (3\ \ 4\ \ 2)\right) \cdot \begin{pmatrix} 150 \\ 200 \\ 100 \end{pmatrix} = 4850$$

$$(5\ \ 13\ \ 15) \begin{pmatrix} 150 \\ 200 \\ 100 \end{pmatrix} = 4850$$

Die eigenen variablen Kosten sind höher (ohne Fixkosten) als der angebotene Preis.
Das Angebot sollte angenommen werden.

Test zur Überprüfung ihrer Grundkenntnisse, Lehrbuch Seite 83

1 a) 941,80

b) $(1{,}5\ \ 2{,}8\ \ 6{,}4) \cdot \begin{pmatrix} 100 \\ 50 \\ 120 \end{pmatrix} = 1058$

2

a) Es gilt A = (K; B); B = (B; S); C = (K; S) Verflechtungsmatrizen

Aus A·B = C folgt $C = \begin{pmatrix} 2 & 0 & 2 \\ 1 & 2 & 2 \\ 1 & 2 & 0 \end{pmatrix} \cdot \begin{pmatrix} 1 & 1 & 0 \\ 1 & 0 & 2 \\ 0 & 4 & 3 \end{pmatrix} = \begin{pmatrix} 2 & 10 & 6 \\ 3 & 9 & 10 \\ 3 & 1 & 4 \end{pmatrix}$

b) Es gilt $\vec{r} = C \cdot \vec{p}$: $\begin{pmatrix} 2 & 10 & 6 \\ 3 & 9 & 10 \\ 3 & 1 & 4 \end{pmatrix} \cdot \begin{pmatrix} 10 \\ 12 \\ 17 \end{pmatrix} = \begin{pmatrix} 242 \\ 308 \\ 110 \end{pmatrix}$

Die Spielzeugfabrik muss dazu einen Vorrat von 242 ME von K_1, 308 ME von K_2 und 110 ME von K_3 haben.

c) Gesamtkosten für den Auftrag $\vec{p} = \begin{pmatrix} 20 \\ 30 \\ 100 \end{pmatrix}$: $K = \vec{k}_V \cdot \vec{p} + K_{fix}$

$K = (10\ \ 8\ \ 12{,}50) \cdot \begin{pmatrix} 20 \\ 30 \\ 100 \end{pmatrix} + 200 = 1890$

Die gesamten Kosten für den Auftrag betragen 1890 GE.

Gesamtzahl der Spielsets 20 + 30 + 110 = 150

Preis je Spielset, um Kostendeckung zu erzielen: 1890 : 150 = 12,60

Bei einem Preis je Spielset von 12,60 GE wird Kostendeckung erzielt.

3

a) LGS: $\begin{pmatrix} 15 & 8 & 11 \\ 12 & 6 & 6 \\ 9 & 7 & 7 \end{pmatrix} \cdot \begin{pmatrix} x_1 \\ x_2 \\ x_3 \end{pmatrix} = \begin{pmatrix} 3240 \\ 2280 \\ 2160 \end{pmatrix}$

Es können 100 ME Baguette, 80 ME Bauernbrot und 100 ME Brötchen hergestellt werden.

b) $\frac{1}{15} \begin{pmatrix} -6 & 7 & 4 \\ 9 & -13 & -1 \\ 3 & 4 & -2 \end{pmatrix} \cdot \begin{pmatrix} 2 & 2 & 3 \\ 1 & 0 & 2 \\ 5 & 3 & 1 \end{pmatrix} = \begin{pmatrix} 1 & 0 & 0 \\ 0 & 1 & 0 \\ 0 & 0 & 1 \end{pmatrix}$

Die gegebene Matrix ist die Inverse der Zwischenprodukt-Endprodukt-Matrix.

Es gilt: (R; Z) · (Z; E) = (R; E).

Mithilfe der Inversen von (Z; E) ergibt sich:

$(R; Z) = (R; E) \cdot (Z; E)^{-1} = \begin{pmatrix} 15 & 8 & 11 \\ 12 & 6 & 6 \\ 9 & 7 & 7 \end{pmatrix} \cdot \frac{1}{15} \begin{pmatrix} -6 & 7 & 4 \\ 9 & -13 & -1 \\ 3 & 4 & -2 \end{pmatrix} = \begin{pmatrix} 1 & 3 & 2 \\ 0 & 2 & 2 \\ 2 & 0 & 1 \end{pmatrix}$

	Weißbrotteig	Schwarzbrotteig	Mischteig
Weizenmehl	1	3	2
Roggenmehl	0	2	2
Mineralwasser	2	0	1

Modellierung einer Situation, Lehrbuch Seite 84

In den Tabellen ist die Spaltensumme = 1.

Ermittlung der Koeffizienten: $a = 1 - 0{,}48 - 0{,}04 = 0{,}48$

$b = 1 - 0{,}22 - 0{,}48 = 0{,}30$

$c = 1 - 0{,}45 - 0{,}05 = 0{,}50$

In den Zeilen der Tabelle 2 wird verdeutlicht, wie sich die deutschen Käufer der einzelnen Modelle verhalten. Z. B. wechseln vom Benzinfahrzeug 48 % zum Dieselfahrzeug und 4 % zum Erdgasfahrzeug. Der Anteil von 48 % der Käufer des Benzinfahrzeugs bleiben ihrem Modell treu.

Deutscher Markt ($\vec{x}_0$ aus Tabelle 1):

$\vec{x}_1 = A\vec{x}_0$

$$\vec{x}_1 = \begin{pmatrix} 0{,}48 & 0{,}22 & 0{,}05 \\ 0{,}48 & 0{,}48 & 0{,}45 \\ 0{,}04 & 0{,}30 & 0{,}50 \end{pmatrix} \cdot \begin{pmatrix} 0{,}45 \\ 0{,}35 \\ 0{,}20 \end{pmatrix}$$

$$\vec{x}_1 = \begin{pmatrix} 0{,}303 \\ 0{,}474 \\ 0{,}223 \end{pmatrix}$$

Nach einem Jahr kaufen 30,3 % ein Benzinfahrzeug, 47,4 % ein Dieselfahrzeug und 22,3 % ein Erdgasfahrzeug.

Übergangsgraph:

$a = 0{,}48$

$b = 0{,}3$

$c = 0{,}5$

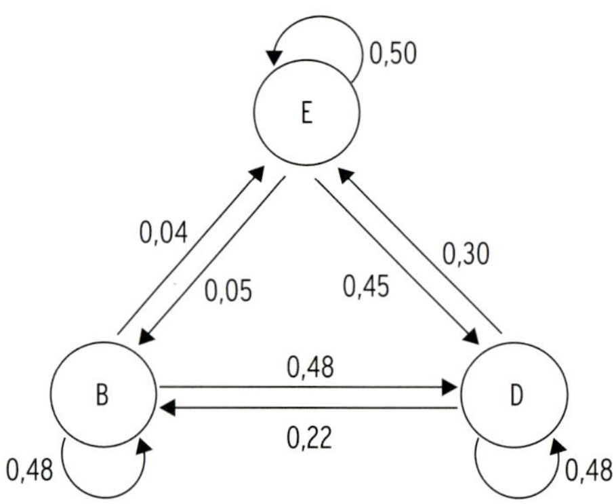

Für die stabile Verteilung muss gelten: $\begin{pmatrix} 0{,}48 & 0{,}22 & 0{,}05 \\ 0{,}48 & 0{,}48 & 0{,}45 \\ 0{,}04 & 0{,}30 & 0{,}50 \end{pmatrix} \cdot \begin{pmatrix} 0{,}23 \\ 0{,}47 \\ 0{,}30 \end{pmatrix} = \begin{pmatrix} 0{,}23 \\ 0{,}47 \\ 0{,}30 \end{pmatrix}$ gerundet

Das Kaufverhalten stabilisiert sich für Benzinfahrzeuge bei ca. 23 %, für Dieselfahrzeuge bei ca. 47 % und für Erdgasfahrzeuge bei ca. 30 %.

Test zur Überprüfung ihrer Grundkenntnisse, Lehrbuch Seite 113

1

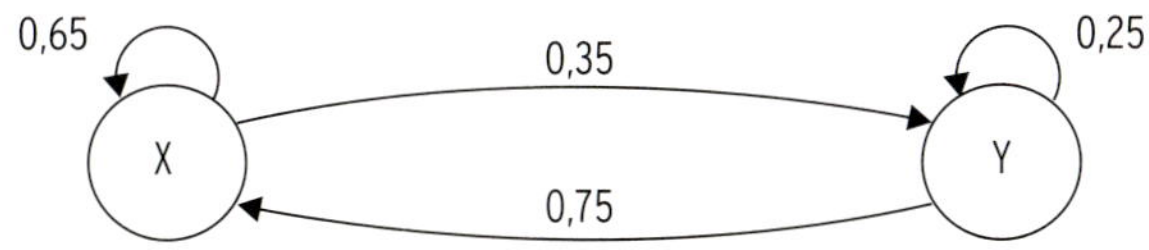

2 Übergangsgraph:

$\vec{x}_1 = A\vec{x}_0 = \begin{pmatrix} 88 \\ 84 \\ 208 \end{pmatrix}$

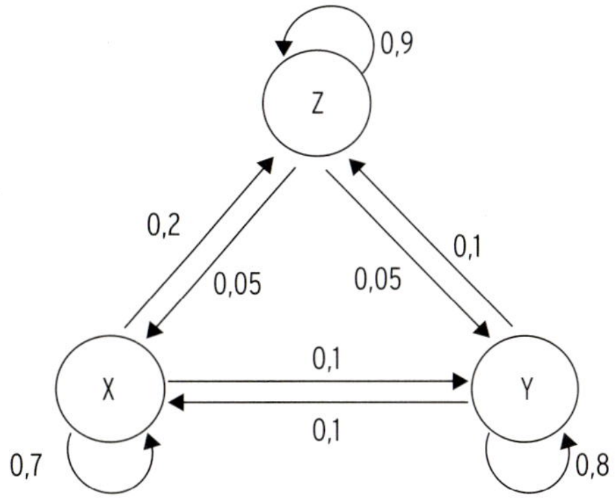

3

a) $A = \begin{pmatrix} 0{,}7 & 0{,}1 & 0 \\ 0{,}2 & 0{,}8 & 0{,}2 \\ 0{,}1 & 0{,}1 & 0{,}8 \end{pmatrix}$

b) 2. Zeile von A multipliziert mit 1. Spalte von A ergibt d:

$d = (0{,}2 \;\; 0{,}8 \;\; 0{,}2) \cdot \begin{pmatrix} 0{,}7 \\ 0{,}2 \\ 0{,}1 \end{pmatrix}$

$d = 0{,}14 + 0{,}16 + 0{,}02 = 0{,}32$

Die Wahrscheinlichkeit, dass ein Kunde von F seinen übernächsten Besuch bei N macht, beträgt 0,32.

4 $A = \begin{pmatrix} 0 & 0 & 8 \\ 0{,}5 & 0 & 0 \\ 0 & 0{,}25 & 0 \end{pmatrix}$

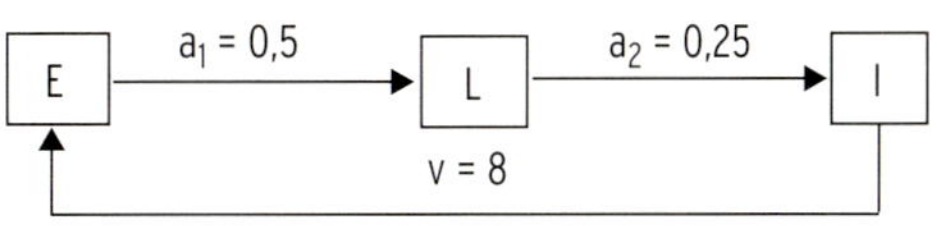

a) Übergangsgraph:
Überlebensraten 0,5 und 0,25
Vermehrungsrate: 8

b) Bedingung: $A \cdot \vec{x} = \vec{x}$ und $x + y + z = 2600$
LGS: $8z = x$ $\quad 0{,}5x = y$ $\quad 0{,}25y = z$
Auflösung ergibt $x = 8z$; $y = 4z$ und z
Damit sind x und y Vielfache von z und der Lösungsvektor lautet $z\begin{pmatrix} 8 \\ 4 \\ 1 \end{pmatrix}$.
Altersverteilung bei 2600 Tieren: $8z + 4z + z = 13z$, also $z = 200$.

Verteilungsvektor: $\vec{x} = \begin{pmatrix} 1600 \\ 800 \\ 200 \end{pmatrix}$

Stichwortverzeichnis

Abbildungsverzeichnis

3 Picture-Factory - Fotolia.com • **3** frhuynh - Fotolia.com • **9** www.colourbox.de • **10** www.colourbox.com • **15** www.colourbox.de • **17** www.colourbox.de • **23** Roxama - www.colourbox.de • **25** Knud Erik Christensen - www.colourbox.de • **25** ikonacolor - Fotolia.com • **26** www.colourbox.de • **26** www.colourbox.de • **28** www.colourbox.de • **34** mettus - www.colourbox.de • **35** www.colourbox.de • **40** Hopfenmuseum Tettnang • **41** lichtkunst.73/Pixelio.de, www.pixelio.de • **42** Flik47 - www.colourbox.de • **47** mekcar - www.colourbox.de • **58** Artem Merzlenko - www.colourbox.de • **67** www.colourbox.de • **68** www.colourbox.de • **71** Mike Kiev - Fotolia.com • **74** www.colourbox.de • **78** www.colourbox.de • **81** www.colourbox.de • **82** Artem Furman - www.colourbox.de • **84** www.colourbox.de • **85** PertraD - www.colourbox.de • **90** www.colourbox.de • **95** www.colourbox.de • **96** www.colourbox.de • **100** Thanawat Wongsuwannathorn -www.colourbox.de • **100** www.colourbox.de • **103** Hans Prinson - www.colourbox.de • **109** Eugene Sergeev - www.colourbox.de • **111** Birgit Reitz-Hofmann - www.colourbox.de • **112** www.colourbox.de

Es war leider nicht möglich, alle Rechteinhaber ausfindig zu machen.
Berechtigte Ansprüche werden selbstverständlich nach den üblichen Konditionen abgegolten.

Nicht aufgeführte Abbildungen wurden vom Autor erstellt.